# 家をセルフでビルドしたい

大工経験ゼロの俺が
3LDK夢のマイホームを
6年かけて建てた話

阪口 克

草思社文庫

# 目次

# 家をセルフでビルドしたい

大工経験ゼロの俺が
3LDK夢のマイホームを
6年かけて建てた話

# プロローグ　荒野に立つ中年

２００９年も暮れようとする12月のある日。俺は、だだっ広い荒地の真ん中に立ち、途方に暮れていた。

ここは埼玉県の北西部。秩父郡長瀞（ながとろ）町の山ぎわ。秩父地方を南北に縦断する秩父鉄道野上（のがみ）駅までは、ここからのんびり歩いて10分あまり。その木造の駅舎から２両編成のローカル線に乗り、ターミナル駅経由で東京都心まで２時間とかからない。

今、俺の立っているこの場所。ここは俺と嫁が、この春に購入したばかりの土地である。そこから東側を見上げれば、秩父連山に連なる小高い山が迫り、西には細い町道が接している。この道を越え西へ向かえば、関東平野を貫く大河「荒川」が滔々（とうとう）と流れ、ライン川下りで有名な長瀞の岩畳はすぐそこだ。

「えらいもんを、買ってしまった……」

ため息をつき、足元に転がる子供の握り拳くらいの石を蹴っ飛ばす。

「さてとこれから、どうしたもんか？」

冬の午後の曇り空。心配事の種は、心の中でみるみるその重さを増していく。当たり前だが、これまで生きてきて一番の高い買い物だった。俺と嫁の貯金口座はすっからかんだ。この年の早春、不動産屋の一室で契約書にサインをする直前。買おうか買うまいか悩んでいるその時までは、最高に輝いて見えた広大な大地。この土地さえ手に入れたならば、俺の計画なんて、いとも簡単に実現できる。心からそう思っていた。

しかしそれから10カ月。冷めた頭で現場に立ってみれば、目の前にあるのは、雑草がぼうぼうと生い茂るだけの茶色い土の広がりでしかない。それは妙に広く、とても殺風景で、そして寒々しい、ただの地面でしかなかった。

「俺は、この場所に家を建てるんだ……」

30代後半の男にとって、まあそう珍しい夢ではないだろう。ずいぶんと軽くなった貯金通帳を考えれば、住宅ローンは確かに気が重いところだが、年明けには子供も生まれる予定だ。銀行と住宅メーカーに頭を下げて、これからの仕事を頑張れば、1年後の師走（しわす）には、真新しいリビングでクリスマスパーティーか。子供部屋にはクリスマスツリー。星のおもちゃを子供と飾っていると、キッチンから嫁が料理する包丁の音が聞こえてくる。そして次は大晦日。こたつに入って紅白を観戦。年が明ければ、お屠蘇を飲んで初詣。広い庭で餅つきなどしても良いかもしれない……。

「はあ」

何度目かのため息とともに、その幸福なイメージは冬の大気に触れて白く広がり、鼠色の空に霞んで消えていった。

「違う」

そう、違うのだ。これから始まるのは。

そういう話とは違うのだ。

「俺はこの場所に家を建てる」

家を建てるのだ。

ひとりで。

自力で。

日曜大工で。

大工経験は……あるはずもない。

## 俺の人生、何かが足りない

このとき、俺は37歳。東京都内のアパート在住。嫁は某証券会社のＯＬで、年明けには待望の第一子が誕生する予定。趣味は旅行と読書と飲み歩き。週に2回は近所の空手道場で汗を流すが、最近さすがにズボンのウエスト回りが気になる年齢となってきた。

　仕事はフリーの雑誌カメラマン。依頼があれば何でも撮影するが、一応旅と自然をメインのテーマとしている。当然出張は多く、国内外の見知らぬ土地へと出かけては、珍しい風物と触れ合いながら撮影し、仕事仲間と美味い酒を飲む。なかなか充実した刺激のある毎日だ。

　しかしそんな暮らしも10年を過ぎ、アパートと取材先を行き来する生活も惰性(だせい)となりつつあった。もちろん文句があるわけではない。好きで始めた仕事だし、それなりのお金もいただいている。嫁がいて、もうすぐ子供も生まれる。恵まれた人生だろう。ただ、正直に言おう。俺はこの暮らしのリズムに少々、飽きてきていた。

「明日、何が起こるかわからない毎日」が欲しい。中学生のとき友人に話したのを、今でもよく覚えている。その頃の夢は「冒険家」。ちょうど映画『インディ・ジョーンズ』が流行(はや)っていた頃だった。海外を冒険旅行するならケンカに強くなくちゃなと、拳法部のある高校を進学先に選んだのは、小学校時代に熱中したジャッキー・チェンの影響なのは間違いない。しかし世の中、そうそう冒険家で食っていけるわけがない。悩みに悩んだ末、高校3年生の俺が出した結論は「旅行作家」になることだった。このときは、果たして何に影響されたのか……。

東京の大学に進学し、比較文化論やら民俗学やらを勉強していた3年生の冬、ふと立ち寄った古本屋で手にしたのは、写真雑誌「アサヒカメラ」。第1特集は「旅行写真家の仕事」。それまでカメラなどコンパクトカメラしか触ったことがない俺だったが、次の春には当然のように写真学校の夜学に潜り込んでいた。全く何を考えていたのやら。「旅を仕事にできるカメラマンになる」。いつの間にかこんな目標を掲げ、大学の卒論を書き上げ、写真学校の夜間部を卒業し、広告写真スタジオの助手に就職。2年間、怒鳴り散らされながら朝から夜まで走り回り、ようやく技術を身につけフリーのカメラマンとして独立することに成功する。

しかし、フリーになりたてのカメラマンに仕事などあるわけがない。

「旅行カメラマンならまずは〝デカイ旅〟のひとつもしなきゃな」

電話の前に正座して、仕事の依頼を待つアパートの部屋で、俺はそんなことを考えていた。携帯電話などまだまだ高価だった時代のことである。そしてそのとき、またしても運命の本に出会ってしまったのだ。今度のタイトルは『マウンテンバイク海外

この自転車でオーストラリアの砂漠を駆け抜けた。
走行距離は1万2000km！

旅行術』。例によって自転車など、通勤通学のママチャリしか乗った経験はない。

何事もハマりやすい俺が、熟読のうえ立案した計画は「オーストラリア自転車一周旅」。初めての海外旅行。マウンテンバイクに乗るのも初めて。野営道具とカメラ一式、パンと水を詰め込んだ、クソ重たい鞄(かばん)にフラフラしながらペダルを漕(こ)ぎ出したのはシドニー到着3日目のことだった。1年かけ、1万2000㎞をなんとか走りきり、撮った写真を編集部に持ち込む。そうやってついに手に入れた「プロの旅行カメラマン」という肩書き。最初の仕事のシャッターを切ってから、時は瞬(また)く間に過ぎ去っていった。

「明日はどんなことが起こるんだろ？」

大学近くの古本屋、

スタジオから帰る線路脇、

焚(た)き火の消えた砂漠の片隅(かたすみ)、

いろんな場所で、心地よい疲れとともに呟(つぶや)いたセリフは、いつしか過去のものとなっていた。夢も叶えてしまえば、それは日常へと変わってしまうのか。しかしそれが、大人になるということなのだろう。好きな仕事と家族。文句を言ってはばちが当たる。

しかし再び俺は、新しい夢を見つけてしまった。

「自分の家を自分で建てる」

俺はなぜ、こんな突拍子もない計画を思いつき、眠れぬ夜とでっかい不安の種を抱えてしまったのか？　それは、２年前のあの日に遡る。

# 第1章 建築前夜

2007~2009

ここに俺の家が建つ。
きっと建つ。たぶん建つ。

## 人生を変える一冊に、また出会ってしまった

2007年の、ある仕事終わりの夕方。これから自分の運命を大きく変える出会いがあるとも知らずに、俺はマニアックな本が並ぶことで有名な、神田神保町の書泉グランデに何の気なしに立ち寄った。その夜は、仕事仲間のナカヤマとバンチョー、そして俺、人力社メンバー3人で、打ち合わせを兼ねた酒宴をやる予定であった。

人力社は、ライターのナカヤマが代表で、カメラマンの俺と、ライター兼イラストレーターのバンチョーで作る取材ユニットだ。別に法人登録してあるわけでもないので、それぞれが好き勝手に仕事をし、打ち合わせにかこつけては飲み会をやっていた。そして今日の打ち合わせは夜の7時に中野駅前。それまでの暇つぶしに立ち寄ったのが神保町だったというわけである。

あてもなく店内をぶらつき、目についた本を手に取ってはパラパラとページをめくる。その本を書棚から引き抜いたときも、何か特別に興味があったわけではない。

『手づくりログハウス大全』

赤い表紙に白抜きのごついゴシック体でそう書いてあった。なぜこの本を手に取ったのか、自分でもよく覚えてはいない。最後に日曜大工らしきことをしたのは中学校の家庭科の授業だったと思う。小さいときからＤＩＹが好きだったわけでもなく、ログハウスに住みたいと思ったこともない俺が、なぜかその本を手に取ってしまっていた。

本の内容は題名の通り。ログハウスを手作りするためのガイドブックだ。導入部には様々な手作りのログハウスがカラー写真で掲載され、工具の紹介からその使い方、1軒のログハウスを仕上げるための手順が、事細かに解説されている。パラパラとめくっているつもりが、いつの間にか熟読し、そのままレジへと向かった。お値段1冊3800円。安くはない買い物だが、悩んだ記憶は全くない。運命のサイコロは、どこにでも転がっているものだ。

「こんな本、買っちまったよ」

1杯目のビールも飲み終わらないうちに、俺はガサガサと書店の紙袋を破り捨て、赤表紙の本を取り出した。

「へー、手作りのログハウス？　セルフビルドっていうんだっけ？　なに？　建てるの？」

ナカヤマにそう聞かれて俺の口をついて出たのは、「おー建ててみるか。だって自分で好きなように家を作れるんだぜ」という自分でも思ってもいなかった言葉だった。

おいおい、自分の家を自分で建てるだと？　イチから自力で？　そんなことできるのか？　最後にノコギリを持ったのはいつだっけ？　木を切って、組み立てて。俺が作る俺だけの城？　アルコールで熱を帯びた頭の中で、そのばかげたアイデアがぐるぐると回る。類は友を呼ぶということか。人力社のメンバーにとって、この本は恰好の酒の肴（さかな）だったらしい。

「確かに面白そうだな。やるならまずは土地を買わなきゃな」とナカヤマも興味津々だ。

「安いのは田舎だろうね」

バンチョーも食いついてくる。

「田舎か。せっかく田舎に行くなら自然の多いところがいいな」

「いっそ森とか」

「おー、いいね。朝は鳥の鳴き声で目が覚めて窓の外は緑。昼寝はハンモックだな」

「海っていうのもあるね」

「水平線に沈む夕日を眺めながら、ウイスキーを一杯かー」

「山は？　山1個買ったら木、切り放題だよ。それで建てれば材料費ゼロ！」

バンチョーがまるで大根でも買うような気楽な口ぶりで続く。

「だいたいお前、木なんか切ったことあるのかよ」とナカヤマが突っ込むが、

「俺、チェーンソーで木を切ってみたかったんだよね」と呑気なバンチョー。

酔っぱらった俺たちが披露する計画はどんどん壮大なものになっていく。俺は自分の話す計画に興奮し有頂天になっていた。そして2軒目の酒場にしけこむ頃、俺はすでに心に決めていた。

「よし！　自分の家を自分で建てるぞ。これでまた退屈ともおさらばだ」

明日、何が起こるのか？　何をしなければならないのか？　わかってしまってはつまらない。

突然俺の心を鷲掴みにした、この無謀な計画。あれやこれやと思いを巡らし、興奮して眠れぬ夜を俺はまた手に入れたのだった。このとき、頭をよぎった心配事はただひとつだけ。「うちの嫁さんを、どうやって説得するか……？」

## 嫁へのプレゼン

「夢のマイホームを手に入れる」。手に入れ方は人それぞれだろうが、長い人生でもなかなかない、大きな出来事だ。計画前に家族の合意を得るのは、あまりにも当たり前の話である。

「さて、どう話を切り出すのが正解か?」

「自宅をセルフビルドで建築したい……」。そんな俺の「楽しそうだからやってみたい」程度の提案は一言の下、嫁に却下されるというのが俺の予想だった。それは当然だろう。家を建てるということは、土地を買うということだ。俺たちの貯金額などたかが知れている。都内にまともな広さの土地を買えるわけもない。となれば地方に引っ越すことになる。地下鉄丸ノ内線の駅まで徒歩5分。美味い酒場に便利な商店街。多くの友人。楽しく快適な、東京暮らしともお別れだ。

問題はそれだけではない。地方に引っ越せば、嫁は退社を強いられる。フリーカメラマンの俺とて、今まで通りに仕事ができるとは思えない。土地購入で貯金が底をつき、一家の収入も絶たれ、これからのライフプランが根底から覆(くつがえ)されてしまうのだ。

「当然、嫁は拒否するはず」

俺はそう確信していた。

しかしせっかく見つけた新しい計画。やすやすと手放すわけにはいかない。今すぐにでもチェーンソーを振り回して木を切りたい俺だったが、その気持ちをグッと抑え、まずは慎重に話の糸口を探す。とりあえずは「夢のマイホーム」方向に会話を持っていくのが良いのではと、分譲住宅のチラシを意味もなく嫁の前で眺めてみたが、「私たちも家を買いたいね」なんて話が、嫁から出てくる気配は一向にない。

　それでは俺から話を切り出すかと、会話をあれこれシミュレーションしてみるが、どう話を持っていっても、呆れたような失笑をかって終わりのようで、とうとう途方に暮れてしまった。

　悶々とした気持ちのまま宴会から1週間が過ぎた日の夕食後、ついに俺は観念し、部屋の壁にもたれて海外ミステリーを読む嫁に、真正面から計画を打ち明けることにした。

「ねえ、俺たちもそろそろ、マイホームを買わない？」

「あんたの仕事で、ローンの審査通るの？」

　なかなか鋭い返しである。自宅アパートのちゃぶ台が事務所のフリーカメラマンに、銀行の査定は甘くないだろう。

「いや、まあ簡単には通らないだろうね」

「じゃあ、ダメじゃん」

　全くもって、身も蓋もない言い草である。しかしこれでくじけてはいけない。俺は意を決し、計画の本題を切り出した。

「それでね、土地だけ買ってさ、建物は俺が建てるってのはどう？」

ここでようやく、読んでいた文庫本から目を上げて、嫁は俺の顔を見つめた。

「自分で家を建てるっていうの？」

ミステリーを読んでいた時そのままの、難しそうな表情をしている。

「う、うん。セルフビルドって言うんだけどね、結構、その、そういうこと、やってる人が日本にも、いるみたいなんだけど……」

せっかく重ねた会話のシミュレーションも意味がなく、シドロモドロに言い訳じみたセリフをつなぐ俺を、疑り深そうに見つめながら、嫁はパタンと手元の文庫本を閉じた。俺はぎくっと姿勢を正す。

「ふーん、ま、いいんじゃないの」

あまりにあっけない返事に、拍子抜けする。

「へ、いいの？」

我ながら間の抜けたセリフだ。

「どうせ、あんたのことだから、やるって言ったら、やるんでしょ」

さすがに、俺の性格をよく知っている。

「それに、都会のアパート暮らしにも、そろそろ飽きてきたしね」

嫁はそう言って不敵に微笑んだ。

こうして居酒屋のバカ話から始まった俺の「自宅セルフビルド計画」は、あっけなく嫁の「お墨付き」をもらってしまったのだ。しかし、こんなこと本当に始めてしまって良いのだろうか。あれほど、嫁に話す前には興奮していた計画に、今さらながら戸惑ってしまう。

本当に素人が家を建てられるのか？

貯金は今いくらあるんだっけ？

設計図は？

材料は？

本当にわからないことだらけだが、我が家の「自宅セルフビルド計画」はスタートしてしまったのだ。さっそくその夜、俺と嫁は仕事用のＰＣをネットに接続し、今まで見たこともなかった不動産広告のサイトを漁（あさ）り始めた。

## 約束された土地を求めて　東京奥多摩編

「えーっと、ここは家建てていいんですか？」

相変わらず間の抜けた感じで、俺は隣に立つ不動産屋の兄ちゃんに聞いていた。ここは東京の奥座敷、奥多摩の山の中。眼下には町道から一直線に滑り降りる、スキー場のような急斜面が広がっていた。何を隠そうスキー雑誌のカメラマン経験もある俺。推定傾斜角度は20度ちょっとと見積もる。まあ初心者では怖くて滑ることはできないだろう。そんな急傾斜の土地に、素人が家を建てられるはずもない。

「やっぱりダメですか。では次に行きましょう。今度は平らですよ」

笑顔の兄ちゃんに促され、次の物件へと車を走らせる。

「あら、次はずいぶん町に近いのね」

嬉しそうに嫁が言う。俺としては、町中にこだわるつもりはないが、日々の買い物や、将来の子供の通学などを考えれば、中心地に近いに越したことはない。いくつかの角を曲がり、前を走る不動産屋の車が止まった。なるほど、車の向こうに200坪くらいの平地が広がっている。段差もなく平坦そうだし、極端に細長かったり変形していたりもなさそうで、宅地として十分に良さそうだ。

「どうです、なかなかいいでしょう！」

兄ちゃんが誇らしげに言う。確かにこれで500万円ならば格安だ。

「でも、なんだか暗くない？」

嫁さんが指摘する。季節は夏。天気は晴朗（せいろう）。時間はけだるい昼下がり。セミの声がこだまする熱い空気の中、その周辺だけがなんとも薄暗い。北東と南面に大きな山を背負っているのだ。

「これ、もしかして日が差さないの？」

恐る恐る聞く俺に、

「今の季節でしたら、朝早くと夕方には差し込みますよ」

あくまでも、にこやかな笑顔を崩さない兄ちゃんであるが、夏でこれでは冬にはどうなるというのだろうか。

「次に行きましょう。次は１０００坪ですよ」

俺の顔の引きつりを敏感に察した兄ちゃんが、朗らかに宣言する。気分も新たに地図を片手にドライブするが、なぜか兄ちゃんは用事があると帰ってしまった。心細い山の細道を延々突き進み、そこで俺たちが見たものは……、

「っていうか、中に入れないし」

我が愛車は幅１・５５ｍの普通車だが、おそらく軽トラでも入ることはできないだろう。山間のどん詰まりの住宅地。その一番奥の家屋と立ち上る急斜面の間に細い幅で公道に接し、その先にイチョウの葉の形に深く暗い森が広がっていた。こんなもの買っても、素人では手の施しようがない。土地探しの初日はこれで時間切れ、肩を落とし、その日はそれで帰ったのだった。

## 300坪、2時間、1000万円

自宅セルフビルドを始めるにあたり、まず始めたのが土地探し。トンカントンカンとうるさい素人工事が数年間にわたって続くセルフビルド。倒壊の心配だっておそらくゼロではない。そんな工事が、自宅のすぐ真横で行われては、既存の住民はたまったものではないはずだ。引越し先でのご近所トラブルは避けたいところ。当然、セルフビルドする土地は、ある程度隣家と離れた広い土地が望ましい。それにどうせ田舎暮らしをするのだから、畑作りや日曜大工も楽しみたい。それにはやっぱり広ければ広いほどいいだろう。そんなこんなで嫁さんと話し合い、出した土地の条件は3つ。

1　できるだけ広いこと。可能ならば300坪以上
2　東京山手線の駅から在来線で2時間以内
3　購入予算は1000万円

300坪にあまり大きな意味はない。昔からの言い方で言えば1反歩（たんぶ）。なんだかキリが良さそうだ。山手線から2時間。これはまあ仕事の打ち合わせに出るのに、俺が我慢できる限界がこれということ。いくらネットが発達した今でも、仕事は人とのつながりが大切なのだ。気軽に顔を出せるには2時間がよいところだろう。そして10

〇〇万円。当面の生活費と、材木などの購入費を考えれば、俺と嫁の貯金がこれではぼすっからかんなのだ。

そして探し始めた理想の大地。東京の西側での暮らしが長い俺たちは、とりあえずのターゲットを奥多摩の山に定め、毎週毎週土日には、片道2時間をかけ、土地探しの旅を続けた。しかし最初はドライブ気分で楽しがっていた嫁も、3カ月を過ぎる頃には明らかに疲れを見せている。そして次第にわかってきたこと。

それは、「奥多摩といえども東京都」。

300坪1000万円の予算では、条件の良い物件はまず出てこない。そして、町の普通の不動産屋にとって、新築工事の依頼が一緒に受注できない土地の仲介なんて、そんなにうまみのある仕事ではなく、熱心に対応してくれないのだ。

## ナカヤマ、古民家を購入する

「これは作戦を練り直す必要があるか」

そんなことを考えていたある日、ナカヤマから連絡が入った。

「おい、奥多摩に古民家買ったから」

「まじかよ」

やはり似たようなことを数年前から考えていたらしいナカヤマだが、それにしても、さすがは世界70カ国を巡ってきた人力社代表。あっさりと購入を決断する思い切りの良さは見事なもの。フットワークの軽い男である。

ナカヤマが買った古民家は築100年あまり。裏の畑と合わせて、敷地の面積はちょうど100坪で総額200万円という破格の物件だった。ただ安いものには理由がある。母屋の骨組みに問題はなさそうであるが、増築部分や住宅設備はかなりひどいありさまだった。これを快適に住めるようにするには、リフォーム工事に結構な金と手間がかかるだろうなと思っていたら、

「リフォームは俺ら人力社でやるから、手伝いに来るように」

「おいおいリフォーム工事なんて、やったことねーぞ」

「せっかくだから、雑誌連載にするぞ。編集長と話はついている」

「連載ってことは毎月、工事が必要じゃん！　まあ、少しは練習になるか」

そんなこんなで始まった月刊「田舎暮らしの本」の「奥多摩古民家リフォーム」連載。毎月毎月、迫り来る締め切りに急かされて、悩んだり躊躇したりする暇もなく、俺たちはそれから3年間、奥多摩の山奥に通っては、ひたすら古民家の増改築リフォームに没頭することになった。

「それででですね、この丸ノコってのとジグソーってのは、どっちも木を切る機械なん

ですよね？」

奥多摩町にホームセンターはない。仕方なく俺たちは隣の青梅市にあるホームセンターに往復2時間かけて出向いては、店員さんに質問を重ねていた。

「どっちも木が切れるってことは、どっちかひとつでいいんですか？」

覚えの悪い生徒に途方に暮れながらも、店員さんは辛抱強く説明してくれる。

「いや、用途が全然違うんですけどね」

「えー？　だってどっちも木を切る機械なんでしょ？」

「材木といってもいろいろなんですが、何を切って何を作るんですか」

「木を切ってですね、家をリフォームするんですよ」

丸ノコとジグソーの違いもわからぬ素人が、何を寝ぼけたことを言っているのかと、間違いなく店員さんは思っただろう。しかしそんな思いはおくびにも出さず、優しい笑顔で、「お客さん、電動工具が初めてですよね。それでしたらジグソーの方が安全ですよ」と親切に教えてくれたのだ。

それではと、ジグソーを2台も買って奥多摩に帰り、前日に掛矢（大型の木槌）を

ナカヤマの購入した築100年の古民家。ここが記念すべき最初の工事現場だ。

振り回して打ち壊した裏小屋の柱を切ってみるが、案の定、切れはしない。

「なんだよこれ、全然ダメじゃん」

いやダメなのは、俺たちの知識の方である。ジグソーは薄手の板などを切るのには向くが、太い材木では、文字通りに歯が立たない。

「あの店員、騙しやがったか⁉」

いやいや騙すなら、より値段の高い丸ノコの方を勧めるだろう。大きな刃が高速回転する丸ノコに比べ、小さなノコギリが上下運動するジグソーは、電動工具の中ではるかに安全性が高い。あの店員さんは、俺たちの怪我を心配しジグソーを勧めたのだろう。しかしまあ、2台同時に買うのは止めてほしかったが……。

「あのですね、この電動ドライバーとインパクトドライバーは何が違うっていうんですか？」

「打ち込むときの、打撃力が違うんですよ」

「ネジをモーターで回すだけでしょ？」

「いやー、使うとわかるんですけどねー」

途方に暮れる店員さん相手に、懲りもせず同じ質問を繰り返す俺たちである。しかも大工仕事の予備知識がないので、作業を進める都度、そのときに必要な道具や材料に思い当たるのだからたまらない。繰り返しになるが、青梅のホームセンターまでは往復2時間かかるのだ。

「あーもうわかんねーから、このセールのやつ2台買ってこうぜ」

今、思い返せば計画序盤からひどい話である。しかし、新たな遊び場を得た俺たちは勢いに乗っていた。何もわからないながらも、無我夢中で日曜大工の本の真似をして、材木に定規（差し金という言葉も知らなかった!!）を当てて線を引き、おっかなびっくり丸ノコで切断しては、穴を掘ったり、ビスを打ち込んだりと、ひどいながらも、古民家のリフォーム工事を進めていった。

そして結果として、この工事の日々が我々の腕を磨いてくれたのである。はじめはノコギリのまともな持ち方さえ知らなかった俺たちは、否応なく続く日々の作業を通して、主要な木工と土木工事の知識と技術を、実地で習得していったのだった。

3年の連載とともに終わった奥多摩の古民家リフォーム。この企画はどうやら好評だったらしい。その後も我ら人力社には、日曜大工の取材依頼が舞い込み続けている。

「お前ら、人の家を練習台にしやがって」

今でも、俺やバンチョーと取材の現場で会えば愚痴を言うナカヤマだが、まあそう言うな。何でもパイオニアは苦労するのさ。

## 約束された土地を求めて 埼玉編

奥多摩の工事が進む傍ら、我が家の土地探しの旅も続けていた。この頃には東京都にこだわるのはやめ、山梨や埼玉の不動産情報もチェックしている。さすがに両県ともたくさんの情報が出ており、その中には我々の条件に合致しそうな物件も、そう珍しくはなかった。

400坪800万円古民家付き
250坪980万円
200坪600万円

予算内に収まりそうな物件がコンスタントに出てくる。実際に見てもそこまで悪い状況ではない。もっとも、あまりに安い物件は、日当りが悪かったり、急斜面に面していたりするようだ。ここは思案のしどころ。安くなれば、それだけ建築費用に回せるが、この先長く住むことを考えれば、あまり条件の悪い土地は、やはり不安だ。

次第にインターネット上でのチェックにも慣れてくるが、同時に物件を見る目も肥えてくる。何とも決め手のない日々。この土地探しの旅に我々は、どうやら倦んできたようだ。

宙ぶらりんな気持ちのまま、年が明けた2009年正月のある日、いつものように

# お世話になった工具　その１

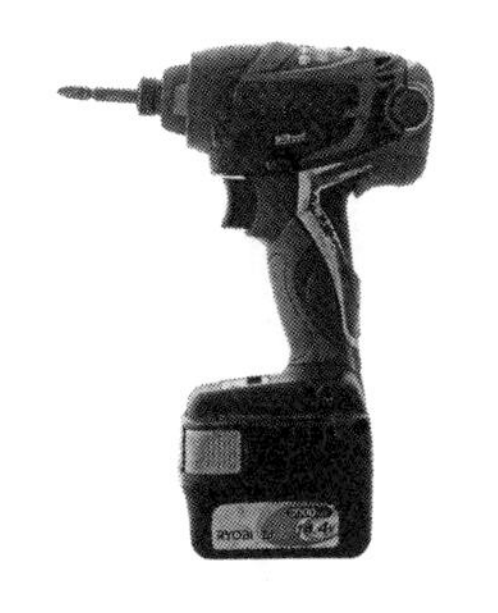

### インパクトドライバー

電動工具の中では使用頻度ナンバーワン。丸ノコと並ぶ最重要工具。これなしで材木を組み上げることは素人では不可能。先端のビットを替えることで様々なネジに対応。ドリルにもなる。

### 電動丸ノコ

数ある電動工具の中でも最も重要な日曜大工の象徴的工具。我が家の建築工事も、丸ノコで材木を切断することから始まった。切断する深さをよく変えるので、２台あると便利。

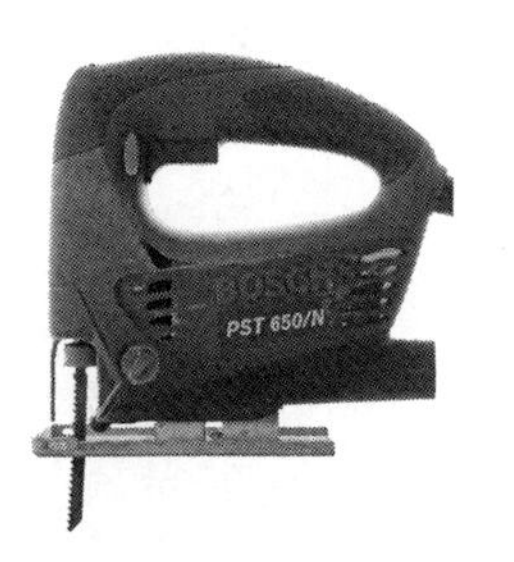


### ジグソー

我々が初めて購入した電動工具。丸ノコに比べ切断能力ははるかに落ちるが、ジグソーでないと不可能な切断作業も多い。内装工事が始まると、途端に出番が多くなった。

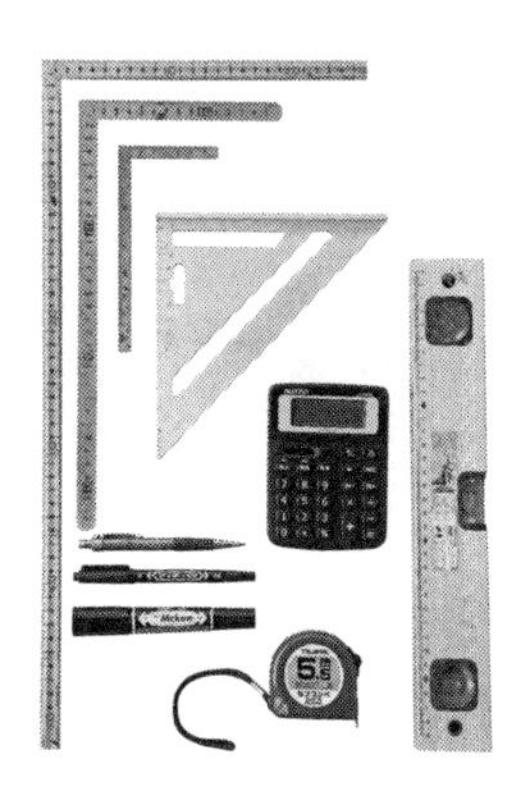

［計測・線引き基本セット］

**差し金・スコヤ**
**電卓・水準器**
**ペン類・巻き尺**

ノコギリを使わない日はあっても、巻き尺とシャーペンを使わない日はなかった。安物を買いがちなラインナップだが、毎日使うものだからこそ、良いものを買うべし。

［手道具基本セット　その1］

**カナヅチ**
**ノコギリ**
**ノミ**

トイレの棚から家1軒まで、日曜大工で木工をするなら外せない3点セット。シンプルゆえに手に馴染むものを選びたい。

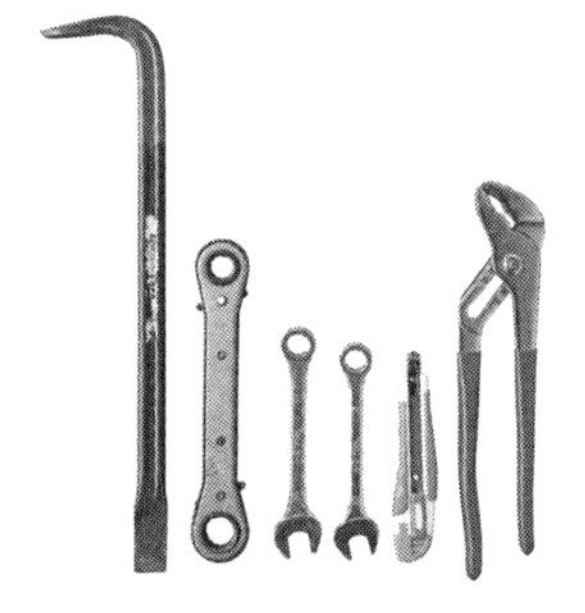

［手道具基本セット　その2］

**バール・レンチ**
**カッターナイフ**
**プレイヤー**

家を1軒作るとなると、やるべき作業のバリエーションは幅広い。それぞれの分野で必要になる専用工具も多いが、最低限この辺は押さえておきたい。

ネットで新しく出た物件情報をピックアップすると、秩父郡長瀞町に288坪1200万円の土地が出ていた。写真で見る限り平坦で、周りには適度に人家もあるようだ。しかしこの頃には、それで心躍ったりはしない。大きな期待はせず、「今度見に行くリスト」に入れておく。

そして、土地探しを始めて1年が過ぎた2009年2月。寒い冬の晴れた休日に、その長瀞町の物件を見に行った。東に小高い山が連なり、西は大通りから一本入った小道。南には畑が広がっており、日の低いこの季節でも日当たりは抜群だった。

「この畑にマンションが建つことはないでしょう。ハッハッハ」

なんだか、みのもんたに似た不動産屋のおっちゃんが高らかに笑う。少し周りの家が近い気もするが、そのかわり駅まで歩いて10分とかからない。本数の少ないローカル線経由とはいえ、東京へ車なしで出られるのは非常に大きなメリットだ。

「でも200万円オーバーか、ちょっと安くなりませんかね」

「いやいや、こーんな良い土地、他にないですよ。どうです、いいでしょー」

みのもんたは、なかなか商売上手で、値引きの話にはのってこない。

「さて、どうしたもんか……。どう思う？」

「うーん、スーパーと小学校と病院が近いのはポイント高いわね」

やはり女性は見ているポイントが全然違う。どうやら嫁は、結構乗り気の様子だ。

そうは言っても、さすがに即決できる金額ではない。ひとまず帰って検討することにした。

数日後、嫁とナカヤマの古民家へ行って風呂工事の手伝いをしていた。そこに俺の携帯電話が鳴る。

「あの土地、大手の会社が分譲して売ってくれと言ってるんだけどね、ひとまずそちらが先です。どうします？」

みのもんたからだった。繰り返しになるが、一度見ただけの土地で即答はできない。

「今からなら、日暮れ前に着けるんじゃない？」

嫁の言葉に、車に飛び乗った。深い山を貫く道を長瀞へと走らせる。2月の早い夕暮れ。沈む夕日の中で見たその土地は、やはり悪くない。なんだか、みのもんたにしてやられたような気もしないではないが、「きっかけ」を求めていたのも確かだ。ここらが潮時かな。

「決めちゃおうか」

嫁に聞くと、「OK」との返事であった。

翌日、正式に長瀞町の「おちあい不動産」に電話をし、

夫婦2人で土地の購入書類にハンコを押す。
ここから全てが始まった。

みのもんた改め鈴木さんに購入の意思を伝える。

「絶対、後悔なんてしませんよ。ハッハッハ」

鈴木さんの朗らかな笑い声とともに、1年あまり続いた、我々の土地探しの旅は終わりを告げたのだった。

## 間取りをめぐる攻防

「おいおい、このリビング広すぎなんじゃないの?」

「何言ってんの。ダイニングテーブル置くでしょ。椅子は4脚で……。それにソファー置いて、テレビ台を置いて。ほらもうこれでも狭いじゃない」

「いや、ちゃぶ台でいいじゃん」

「はいー???　ちゃぶ台ー?」

「なに、ダメなの?　ちゃぶ台」

土地を購入して早半年。季節はあっという間に夏である。この間我々は、都内のアパートでどんな家を建てたいか、侃々諤々(かんかんがくがく)の議論を行っていた。決まっているのは「木の家」だってことだけ。ここは譲れない。壁も床も、塗料なんか塗っていない、木の香り漂う、すっきりとした無垢(むく)の木の家だ。そしてやっぱり平屋がよい。真ん中に太い大黒柱。角には和室があって、広い縁側に続く。そこでスイカ食って、ビール飲んで、庭では子供が遊んでいる……。なかなかいいではないか、そう、言うだけならタダなのだ。

しかし土地などという普段持ち慣れないものを買ったせいか、いまいち現実感がわかない。奥多摩の古民家リフォームでは、ベースとなる建物が建っていた。それに対して、こちらは平らな地面があるだけ。セルフビルドといっても、何から始めてよいのかわからなかったのだ。

まず決めるべきは家の工法だろう。手作りログハウスの本を買ったことで始まったこの計画だが、奥多摩の古民家改修作業を通して、柱と梁を組み合わせて作る、日本の伝統的な軸組工法に俺の興味は移っていた。軸組工法は、セルフビルドでは難しいとの情報も多いが、今さらそんなことを心配しても始まるまい。

ところで現在、3坪以上の建築物の設計は、最低でも二級建築士の資格を持っていないと、建築確認申請を出すことは難しい。そこで我々も、間取り図までを自分たちで作成し、申請用の正式な図面は建築士さんに清書をお願いすることにした。少し前までは、30坪以下の建物ならば、比較的簡単に申請できたのだが、残念なことである。

そんなわけで、まずは間取り図だろうと、作成方法を調べると専用ソフトが市販されていることがわかる。そこで電器屋へおもむき、間取り図作成ソフト「3Dマイホームデザイナー」を買ってきた。これは、パソコン上でパズルのように間取り図が作れるという優れものなのだ。

「それにしても家の間取り図を描くのって、楽しいねー」

「いやいや、それはあんた。俺が建てるってこと、わざと無視してるからでしょ」

暮らしの風景をあれこれ夢想し、自由気ままに部屋を組み合わせていく。その気になれば立派な大豪邸だって、遊び心あふれるデザイン住宅だって、ソフトの中では自由自在だ。しかし「セルフビルドで自分で建てる」となると、話は変わってくる。「住みよい」だけでなく「作りやすい」が重要なのだ。

そんな間取り図作り、最初のキーワードは「91㎝」である。日本で家を建てるなら、とにかく91㎝の倍数を覚えることにつきるのだ。何が何でもこの倍数だ。なぜなら、91㎝は3尺で半間、つまり畳の短辺の長さであり、国内で手に入るほとんどすべての建築資材は、この長さを基準に作られているからだ。

そこで間取り図を作るときには、柱の間隔は、南北方向、東西方向ともに倍の182㎝間隔とする。この法則を守れば、あらゆる建築資材は過不足なく使え、頭上に高価で重い巨大梁を使う必要もなく、施工は楽だし強度も抜群となるのである。

が……しかし、そう簡単にいかないのが間取り図作り。嫁は好き勝手に部屋を描いていく。

「ここに柱があったら邪魔よねー」

「ちょっと待て待て、簡単に柱を省くんじゃない!!」

　開放的で広大なリビングを作るには、緻密に立つ柱は邪魔になる。しかし柱の数を減らすならば、柱と柱にのる梁には、それだけ巨大な材木が必要になってくるのだ。ではその巨大梁を持ち上げるのは誰なのか？　当然俺だ。自分よりも巨大な材木を頭上に持ち上げるなど、できるとは思えない。

「それでココ広げて、ココをつなげて、こっちからも通れるようにしようよ」

「そんなとこ、通ってどうするの!?」

「えー、だって朝とか忙しいと鉢合わせするじゃん」

　狭いアパートに暮らしているくせに、そんな心配いらないだろう。家の幅が長くなれば長くなるほど、材木を継ぎ足すための細工をしなければならない。これはまた作業が手間な上、素人の加工精度だと強度も心配になる。それに第一、でかいと材料が増えて金がかかるのだ。通常ならば、より複雑に、より広く、となった方が材料費も工賃も高くなり、製作を請け負う工務店はウハウハなのだと思われるが、今回ばかりは事情が逆なのだ。発注側の嫁と、製作担当の俺、2人の間にある溝は深くて大きい。

# 間取りビフォーアフター

## 最初期の案

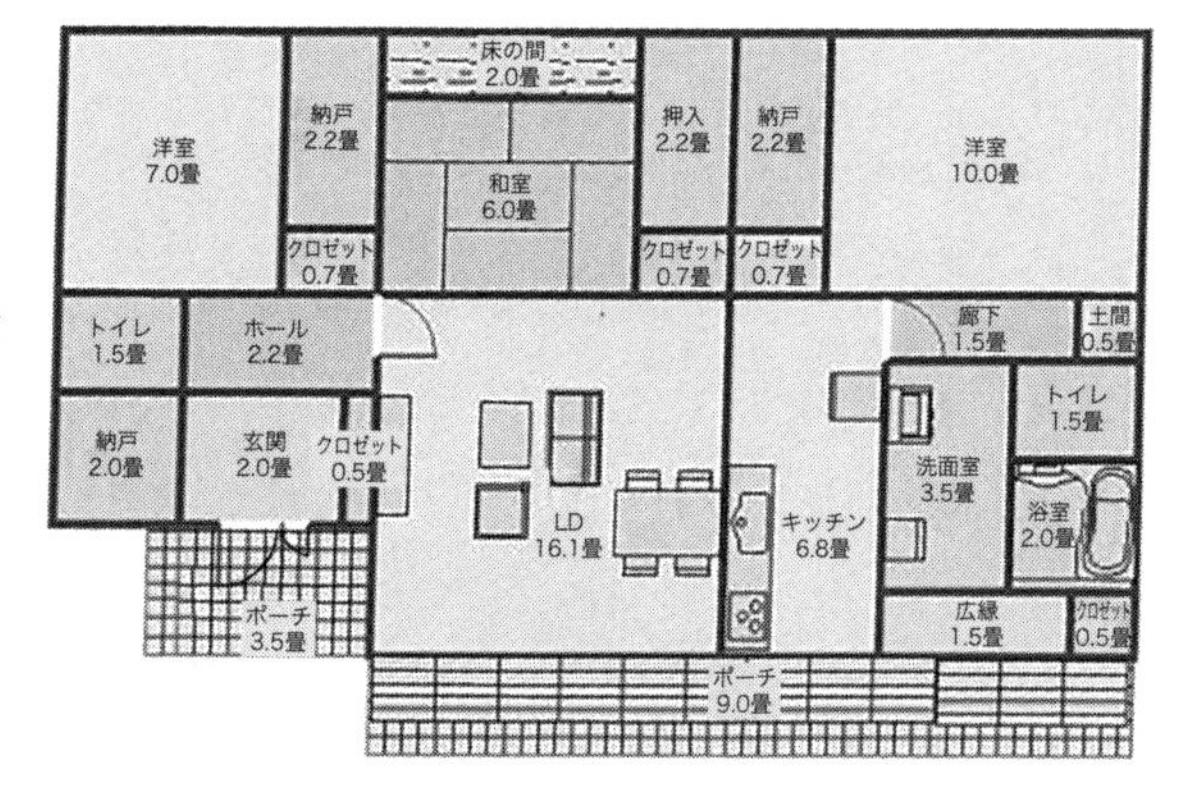


初めて描いた間取り図。なぜか手に取った風水の本に、玄関は南向きが良いと書いてあったのに影響を受けるが、平屋だと生活動線がうまくとれず使いづらい形になってしまった。リビング以外の部屋が全て北向きなのも良くないね。２畳の床の間が贅沢なプランだが、あえなくボツに。

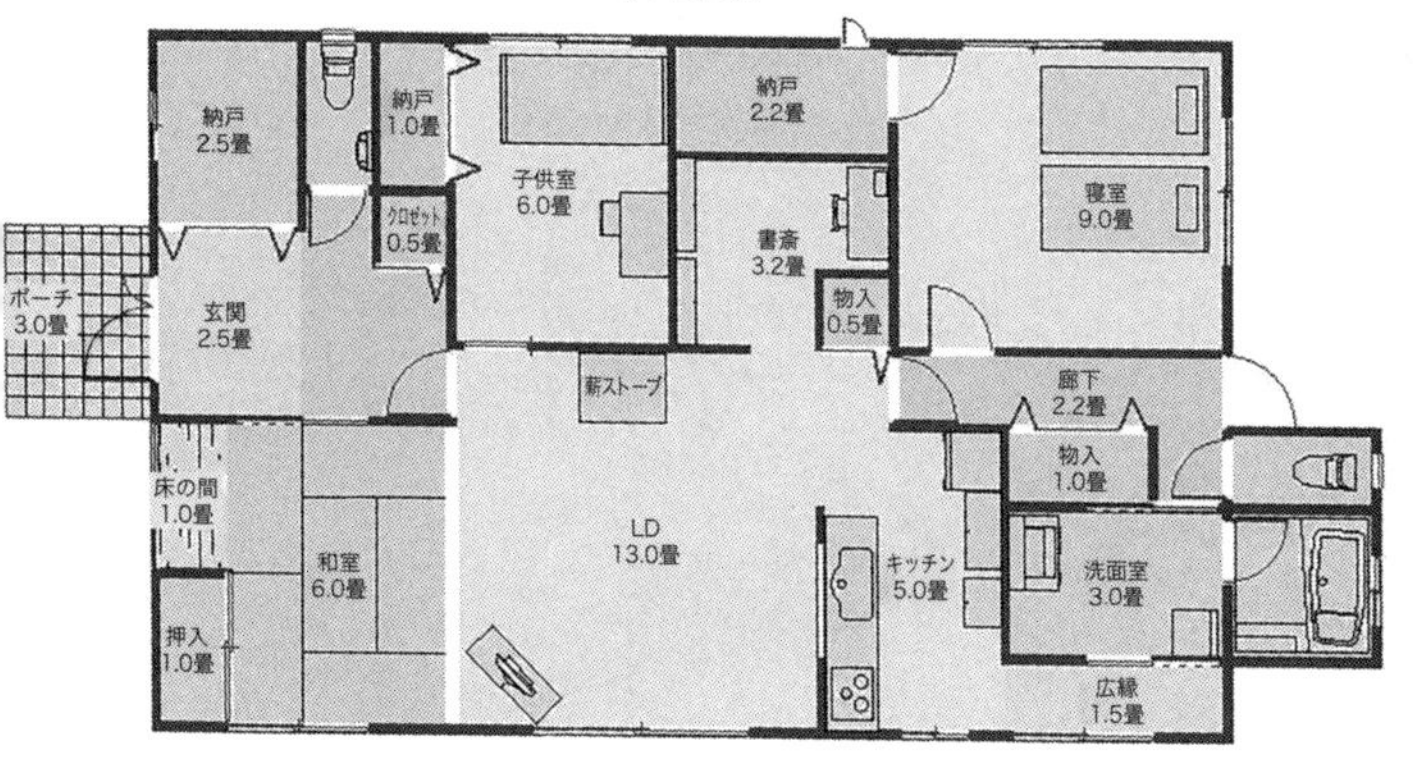


ほぼ完成形の間取り図。玄関を西に移動したことで、メインの動線が建物真ん中に一直線で通り、使い勝手が向上。リビングと和室を日当たりの良い南側に置き、寝室は北側に。どうしても湿気の溜まる風呂スペースは、将来のトラブルにも対応しやすいよう、下屋にして外側に飛び出させた。

## 薪（まき）ストーブという野望

「あ、そうそうリビングのここ、場所空けといてね」

「なんで？」

嫁が怪訝（けげん）そうな顔で聞いてくる。

「薪ストーブだよ。マ・キ・ストーブ！」

「あれって高いんでしょ。ススで汚れそうだし。ファンヒーターでいいよ」

女というものは、なぜこうも夢とロマンのないことを言うのか。ファンヒーターごときに薪ストーブの代わりができるはずがないだろう。

「一度あったまると暖かいよー。それにゆらゆら揺れる炎が綺麗（きれい）だよ」

セルフビルドをするにあたり、俺にはひとつの野望があった。そう、薪ストーブだ。真っ赤に揺れる炎。俺が初めて焚き火に心を惹かれたのは、アニメ「母をたずねて三千里」を見たときであった。ざわざわと風吹くアンデスの原野。真っ赤に揺れる焚き火を囲み、熱いスープを飲むマルコたち。焚き火の炎は幼い俺の心に、優しく暖かいイメージを焼き付けた。やがて大人になり、様々な土地にキャンプに出かけた。波音の響く夜の浜辺。風の騒ぐ暗い森。星が降るような砂漠。ひとり寂しく心細い夜にも、仲間と楽しく賑やかな夜にも、いつも傍（そば）には暖かい焚き火があった。俺は焚き火が大好きなのだ。そんな大好きな焚き火が、薪ストーブがあれば家の中で毎日できる。

山裾に建つ1軒の木の家。俺が建てた家だ。その家のリビングには薪ストーブ。夕焼け空に、煙突から白い煙がたなびき、窓には暖かいオレンジの光が揺れるように映る。薪が燃える炎の光だ。寒い冬の夕暮れ、俺はリビングでグラスにバーボンを注ぐ。暖かな火を見つめる。これぞ男のロマン……。

「えー、そんなのいらないよー」

うっとりと空想にふける俺を、嫁の声が現実に引き戻す。

「朝とかすぐに暖かくならないんでしょ」

「そこはまあ、ほら、ファンヒーターと併用で……」

「じゃあ、ファンヒーターだけでいいじゃん」

「そう言わないで。ここ空けといてよ」

「ええ！　こんないい場所塞(ふさ)いじゃったら邪魔でしょ」

「………」

溝は限りなく深い。

## 設計図の完成

数週間の激論の末、やっとの思いで作成した図面を、設計事務所へ持っていく。

「建築士さんに知り合いなんかいたの?」

「いるわけないじゃん。奥多摩の工事で知り合った工務店のMさんの紹介だよ」

「へー。怖い人じゃないといいねー」

その心配は俺も同じ。その道のプロである建築士に素人が描いた図面を見せるのは、なかなか緊張するもの。突っ返されたらどうしようかと、内心ヒヤヒヤしていたのだが、

「ああ、構造上の問題はなさそうだね。すぐできますよ」

笑顔でオフィスに招き入れてくれた建築士の秋葉さんは、素人図面を嫌がりもせず、丁寧に目を通し、あっさりと返事をする。どうやら、市販の間取り図作成ソフトはよくできているらしく、普通に操作していれば構造上無理な図面にはならないようだ。

そして1週間後、我々の作った間取り図は、秋葉さんの手によって、ほぼそのまま正式な建築図面と申請書類の束になって返ってきた。

「あれ? 秋葉さんに、間取りや構造の相談をして、図面を描き直してもらうんじゃないの?」

「いやいや、それじゃあ設計料金はスゴいことになってしまうのよ」

「えーーー。大丈夫なの? それでー」

高い土地を買って金のない俺は、作成した間取り図を、法律上問題ない限り、何も

手を加えずに、そのまま図面に落としてもらうよう依頼したのであった。

それなら、申請も自分でやれば良いではないかといきたいところだが、残念ながら提出書類はそれだけではない。平面図や立面図はもちろん、その他、地盤調査をした上でのコンクリート基礎の図面、建物内の空気循環を計画した図面など専門知識がなければ書けない多数の書類、そして秩父の国立公園内にある長瀞町では、住宅建築による環境への影響調査に関する書類まで必要になる。それらの数は大変膨大で、とても素人の手に負えるものではない。そして何よりも「建築士」のハンコが重要なのだ、役場の提出窓口では。

「やっとできあがったね。我が家の設計図。設計図って言葉だけでワクワクするね」

「何わけわかんないこと言ってんの。しっかり頼むわよ」

怖い顔で、嫁が俺を睨む。

「もう後戻りはできないからね！」

## 何はなくとも電気と水道

セルフビルドを始めてわかったこと。それは、住宅建築には実に多様な業種の大勢の人々が関わり、力を合わせて作業をしているのだということだ。単純に木を切断し、家の形に組み立てれば良いというわけではない。「設計図もできたし、さあ建てますか」と、気楽にいかないのが、実際の建築現場なのである。なんせそこには、タダの地面があるだけなのだ。まずは電気と水道くらいないと話にもならない。

　電気はよほどの山奥でもない限り、敷地のすぐ近くまで、電力会社がタダで引いてくれるとの情報を得ていた。うちの場合は隣に人家があるから、周囲には普通に電柱が立っている。では、その電柱から、どうやってコンセントにつなげるか？　どう考えても、素人にできる仕事ではなさそうだ。そこで電気屋さんに頼むことになるが、都合の良いことに、うちの嫁の伯父（おじ）が、隣の群馬県で電気屋をやっている。こちらに、相談することにした。

「やー、家を自分で建てるんだって？　頑張ってね」

「はい。頑張ります!!」

　伯父と会うのは嫁との結婚式以来。無謀な計画に嫁を巻き込んだ張本人としては、その親族に会うのは少々緊張するものだ。

　ところで、当たり前だが敷地内に家はまだない。木の1本も生えていない更地なのだから、電線を引いても、コンセントをつける場所がない。別に欲しくはないが、電気メーターだっているだろう。どうするのかと見ていると、

「ほほほ、これを立てるのよ」

　と言って伯父がトラックから引きずり出してきたのは、長さ5m以上はあろうかと

いう巨大な鉄柱である。

「ひょっとしてこれ電柱ですか⁉」

「そーそー。すごいだろー」

なんと登場したのだ「ＭＹ電柱」が‼　敷地の隅に穴を掘り、２人掛かりで立ち上げるとそこに、見慣れた電気メーターと仮設のコンセントが取り付けられた。その間、わずか半日。やはりプロの仕事はすごいのだ。こうして電気が開通し、我が土地も文明社会に一歩近づいた。

電気が来たら、次は水道である。毎月の使用料金の支払いが遅れても、最後まで止められないのが水道だと聞いたことがある。そんな、命の次に大事な水。セルフビルドの現場でも、手を洗ったり、顔を洗ったり、煮炊きをしたり、水道がないなど考えられない。でも、どうやって水道を引くのか？　素人では門前払い確実な、難しい届け出と大工事が必須になると思われる。

MY電柱を立てる電気工事士の伯父。これで電気が使用可能となる。

そこで土地を購入するとき世話になった、みのもんたに相談に向かう。

「あー水道工事ね。それなら河内電設だな」

「いやいや、電気は伯父に頼んだんですが」

河内電設さんは、お隣、皆野(みなの)町にある工事屋さん。名前の通り電気工事もやっているようだが、水道工事も大丈夫とのこと。教えられた電話番号に電話をすると、早速現場に来てくれた。

「新築だから、水道組合に申請だな。書類はこっちで送っとくから」

なかなか気の早い社長さんである。さて我が長瀞町の水道なのだが、皆野・長瀞上下水道組合というところが水道を供給している。まずはそこに加盟申請が必要とのことらしい。それと並行して、工事も始まった。気も早いが、仕事も早い。

工事当日、巨大な機械とショベルカーを積んだトラックで若い衆と現れた社長さんは、おもむろに我が土地の前の道に赤い三角コーンを並べ始めた。もちろんこの道を掘り返すためである。

「これって、もしかして通行止めですか？」

よく見る当たり前の工事だが、自分のこととなるとびびってしまう。

「はん。そこまで大した工事じゃないよ。すぐ終わる」

そう言うと社長さんは、洗濯機に巨大回転刃が付いたような機械を道路に置いて、アスファルトの切断を始めた。傍らでは若い衆がショベルカーとスコップで我が家へと続く溝を掘っている。「いやいや、十分大した工事だよ」という俺の動揺など気にもせず、轟音を響かせて道に巨大な穴が開けられた。覗き込むと、おそらくこれが水道管であろう、大きなパイプが見える。そのパイプに、どうやって水漏れさせず、分岐をつけたのか？　素人の目には全くわからぬ早業で道路下の作業は終わり、本管から我が家へ向けた水道管が施設されメーターにつながった。

「すごい早業ですね」

「そりゃそうだろ。ノンビリしてたら飯にならん」

若い衆がアスファルトを敷き直すかたわら、社長はさっさと細い管を延ばして、敷地の隅に仮設の水道をひとつ立ててくれた。ここまで電気屋の伯父と同じく半日仕事。プロの仕事は本当に見事である。

ところで河内電設の社長さんは、もうひとつの懸念も払拭してくれた。何かと言うとトイレである。作業現場にトイレがないのはつらい。里の集落の中、この先も暮らしていく以上、立ちションは憚られる。しかし、工事現場向けの仮設トイレは非常に高価な物。レンタルもあるが、工事が数年単位で、いつまでかかるかわからないセルフビルドには不向き。どうしたものかと悩んでいたら、社長さんが、余っている古い物をタダで貸してくれたのだった。

た。

「すんごい助かります。ありがとうございました」

「ふん、まあ頑張りな。家の中の水道工事、決まったら連絡くれや」

社長さんはそう言うと、三角コーンを荷台に放り込み、颯爽と帰って行ったのだった。

## コンテナハウスを買う

電気が通り、水も飲めて、下の処理も大丈夫となると、後は雨風をしのげる屋根が欲しいところ。「そしたら住めるじゃないか」とはならないが、電動工具や高価な資材は、屋根の下、鍵のかかる場所に保管をしたい。それに昼には休憩もできれば言うことはないだろう。ココで練習がてらに小さな小屋を建ててしまおうという計画も考えたのではあるが、「母屋が建った後、どうすんの？　邪魔でしょ」との嫁の一言で、あっさり却下される。ではどうするか？　コンテナハウスというものが、世の中にはある。現場で組み立てるプレハブと違い、コンテナハウスは工場で完成しており、その場に置くだけで完結する。これの利点は、分解解体が必要なプレハブに対して、不要になったときに、クレーンで吊り上げて、そのまま持っていけるということだ。

東京の住まいも引き払い、現場近くの小さなアパートに越してきたので、本や服など荷物の保管場所も欲しいところ。そこで、6畳間ぐらいの大きさのものを探すが、新品で40万〜50万円、中古品でも35万円以上する。これまたレンタルもあるが、レンタル料は1年で20万円以上とかなり高価。中古の買取りが十数万円なのを考えると、購入した方がいいだろう。トイレと同じく、何年かかるかわからないセルフビルドの現場にレンタルは向かないのだ。

そこでインターネットを使って、中古のコンテナハウスをいろいろ探してみる。するとネットオークションサイトで、型落ち7畳コンテナの新品が26万円で出品されているのを見つけた。「きれいに使って15万くらいで買い取ってもらえれば、実質10万ちょっと」と、頭の中で素早く計算し、落札ボタンをクリックした。

話は変わるが、奥多摩の古民家リフォームを始めた頃から、実践者に会ってみたくなり、いくつかの雑誌に企画を持ち込んでは、自宅を自分で建てた人に取材をしていた。

そうして出会ったセルフビルダーたちは、このネットオークションを活用している人が実に多かった。その購買対象は多様で、ありきたりな電動工具だけでなく、材木や専門的な建材、果ては大型の建築機械など、「こんなものまで?」と驚くような品々を落札し利用していた。俺もこの先、資材や工具の調達にネットオークションを大変重宝することになるのだが、それはまだまだ先のお話。

さて落札して数日後、ある晴れた冬の夕暮れ、超大型のトラックにのせられて、我がコンテナハウスが、はるばる長野からやってきた。土地を購入したばかりの俺が言うのも変な話だが、コンテナハウスは「こんな大きなもの買ったのは初めて」というぐらいに巨大だった。それがユニッククレーンによって吊り上げられ、慎重に水平を見ながら、我が土地の片隅、山際の地面の上に静かに設置される。

7畳間のコンテナハウス。これから建てる家に比べれば、あまりに小さい一部屋だ。しかしこの先、何年、セルフビルドに時間がかかるかはわからない。勢いで始めてしまい、心配なこともたくさんある。そんな不安な気持ちいっぱいの、この冬の夕暮れに、真っ赤な夕日に照らされたコンテナハウスの巨大な勇姿(ゆうし)は、とてもとても頼もしく俺の目には映った。

コンテナハウスは現場での組み立てがないので、とても便利。この小屋がセルフビルドの基地となる。

# 第2章 準備に奔走する

2010

## 娘の誕生と工事のスタート

2010年、季節が冬から春へと変わる節目の日に、我が家に待望の娘が誕生した。立春を前日に控えた、如月（きさらぎ）の節分。名は春の音と書いて春音（はるね）とつけた。とはいえ気温で見れば、まだまだ冬の真っ盛り。秩父の峰から吹き下ろす風は、冷たく硬い。幸い母子ともに健康で、1週間ほどの入院ののち、嫁と娘がアパートへと帰ってきた。

「ハルちゃん、おかえり。ここがハルちゃんのお家ですよー」

すでに都内の部屋は引き払い、建築現場となる長瀞町のすぐ隣、皆野町に佇むアパートの一室が、これから始まるセルフビルド計画のベースキャンプとなる。しかしこの時点で、2人の貯金残高は限りなくゼロに近い。おまけに嫁さんは無職で、俺の

春の明るい日差しの中、我が家の地鎮祭が執り行われた。

方も東京での撮影がなくなり、仕事の依頼が激減した貧乏カメラマン。そんなわけで、借りることのできたアパートの部屋は非常に狭く古いものだった。

「ハルちゃん。お父さんに早く新しいお家、作ってもらおーね」

「あうー」

「頑張ります」

乱雑に積まれた段ボールの箱をかき分けて、娘の寝るスペースを作りながら神妙に答える。

「それで、まずは何から始まるの?」

「基礎工事と材木の発注かな」

「お金かかりそうだねー」

俺が挑戦するのは、木製の柱と梁を組み合わせる「木造軸組」だ。そのためにまず必要なのは材木の発注だろう。家1軒に使われる材木の数は膨大で、その資金繰りは非常に悩ましい。しかしここ数日、それ以上に俺の頭を悩ましていたのが、建物のベースとなるコンクリート基礎工事のことであった。

「建物の基礎工事は、プロにやってもらうこと」

家を自分たちで建てることが決まったとき、嫁が出した数々の条件の筆頭に掲げたのがこれであった。そしてこれには、深い深い訳がある。

奥多摩で友人ナカヤマとともに行った古民家のセルフリフォーム工事。この一連の工事の中で俺たちは、2度のコンクリート基礎工事を行った。人生で初めてセメントを練り、作ったのは風呂小屋の基礎。しかしこの基礎工事で俺たちは、水平や直角はおろか、直線すら出すことができなかったのだ。ベースのコンクリは歪(ゆが)み、その上に立ち上げたコンクリブロックは大きく波を打っていた。しかし何事も初めはそんなもの。風呂小屋は今も元気に稼働中だ。

我々は意気揚々と次の基礎工事へ移った。次は母屋の一部。既存の柱をジャッキで持ち上げ、古い基礎をぶっ壊し、新しい基礎の準備に入る。素人の無知ゆえの怖いもの知らず。しかし、知らないからできることもある。心配してたら進まない。そんなこんなで作った基礎は、目に見えて波打ちこそしないものの、数メートルの距離で高低差5㎝という、水平など全く無視したものだった。しかも柱を立て、壁ができてもそのミスに気づかず、扉を作る段階で初めて慌てるというお粗末さなのだ。

そして我が嫁は、その2度の現場に立ち会っていた。友達の家なら、申し訳ないが笑いごとで済む。しかし、自分の家となるとそうはいかない。嫁が基礎工事にこだわったのも理解できないわけではない。

## 基礎だけプロにお願いする

しかし、我が家をセルフビルドする初めの初め、「いの一番」の基礎工事を自分でやらずプロに任せるという条件は、俺のプライドをいたく傷つけた。

「ところでさ、基礎だけど業者さんに頼むとお金かかるよ。自分らでやろうよ」

「絶対にダメです」

それでもなんとか自分でできないかと、技術書を読み、ネットで実践者も探す。セルフビルド界の先達（せんだつ）には、自分で基礎工事を行った人も少なくない。

「ほら、この人も自分でやってるよー。俺らもできるよ」

「できるとは思えません」

生まれたばかりの娘にミルクをあげながら、嫁は怖い顔で俺を睨む。その後数日の押し問答の末、ついに俺の方が根負けすることになる。まあ正直に言おう。俺の心のどこかにも、基礎工事への不安があったのかもしれない。いや、たぶんにあったんだろう。

そんなわけで基礎工事は、プロの業者に頼むこととなった。しかし、そんな工事をどこに頼んだらいいのか？　家を建てるなら工務店だが、やってほしいのはコンクリート基礎だけだということで、土地を購入した不動産屋のみのもんたに連絡を取ると、紹介してくれたのが、現場近くで土木建築業を営む「大沢建材」さんだった。

当たり前だが、社長さんの名前は大沢さん。建築材料の卸しが会社のスタートなのかもしれないが、今は各種土木工事が専門とのこと。大沢社長は俺より少し年上くらいだろうか？　その物腰は柔らかく、俺にはとても親切にしてくれるが、怒らせるとなかなか怖そう……というかケンカがとっても強そうな面構えだ。

電話で待ち合わせた建築現場で、建築確認の図面を渡し、基礎工事一式の施工を正式に依頼した。ここでも素人が自分で残りは建てることを、正直に話す。変に隠すと、かえって話がややこしくなるので注意が必要だ。

「日曜大工で家建てるんで、基礎だけ作ってもらえませんか？」

「へえ、日曜大工で。そりゃ大変だ。こっちも仕事だから、頼まれたことはやるよー」

「そんでこれが図面なんですが」

「ふん、ちゃんとしてるね。これならすぐできるよ」

「なるべく安くお願いします」

「ま、近所のよしみだしね（笑）」

基礎工事と併せ、浄化槽の設置もお願いする。わが町長瀞では、生活排水を自分の敷地内で処理できず、外の排水溝に出す場合、浄化槽は認可された工務店しか施工できない決まりになっている。

「合わせて150マンくらいかね」

「結構いきますね」

「サービスで基礎を太くしとくよ」

ということで、その場で工事の詳細な打ち合わせがスタートした。

「それで、どの辺に建てるの？」

大沢社長が図面片手に聞いてきた。建築図面では、当然建物の位置はしっかりと決まっているのだが、土地の広さは288坪もあるのだ。そこまで厳密にやる必要はない。しかし、改めてそう言われると逆に困るもの。

「ま、だいたい適当にこの辺で」

ちょうど俺が立っていた北側の隅、土の上に足で線を引いたその場所に、我が家は建つことが決まった。

## 我が家に神様がやってきた

寒く長かった冬が終わり、ようやくやってきた2010年の春。真っ青な空を背景に、山の緑が萌えている。天気はまさに日本晴れ。柔らかく暖かな日の光があふれる我が土地に、大沢社長の手によって注連縄が張り巡らされ、厳かな祭壇がしつらえられた。

奥多摩からナカヤマがやってきた。バンチョー一家の姿も見える。ようやく首がしっかりとしてきた娘を、抱っこ紐で腹にくくりつけた嫁が、ご近所の皆さんを出迎えている。

そう、いよいよ我が家の地鎮祭が始まろうとしているのだ。あとは神主さんの到着を待つばかり。そんな中、俺は神妙な面持ちで来客に挨拶をしているのかといえばさにあらず。遠くの街のショッピングセンターから車を飛ばして帰る途中であった。何を買いに行ったかといえば「鯛の尾頭付き」である。

さて、我が家に神様に来ていただく「地鎮祭」。晴れて建築確認も取れ、様々な準備にもメドが立ち、いよいよ工事開始である。やはり日本人として、地鎮祭をやってみたかった。そのために必要な流れを、事前にインターネットで調べてみる。地鎮祭とは、建築工事を始めるにあたり、その土地におられる神様にこれを報告し、お許しをいただくためのものとある。神様においでいただくわけだから、まずは近くの神社にお願いすることになるようだ。我が家の場合は、秩父三社のひとつ、長瀞町の「宝登山神社」さんへお願いに行く。その上で日取りを決め、必要な準備の説明を受けてきた。祭壇は貸していただけるということで、そのほかに準備するものが、

竹　4本

注連縄　1本
砂　バケツ1杯
日本酒　1升
お米　2合
塩　1合
水　コップ1杯
魚　尾頭付き1尾
昆布やスルメなど海の幸　数点
野菜果物など山の幸　数点

以上である。日本酒以下のものは、もちろん気持ちの問題なので量の多寡(たか)は問われない。しかしせっかくの地鎮祭。ここはやはり神様に恥ずかしくないようにしたいと俺は考えた。

そこで大沢社長に竹と注連縄、砂の手配をお願いし、その他の食品類は当日に近所のスーパーで買う算段を立て、参加者を募り、現場の草刈りをし、いよいよ待ちに待った式の当日、だったのだ……が、売っていなかったのだ「鯛の尾頭付き」が。山里の小さなスーパーマーケット。そういつもいつも鯛が売っているわけはない。ましてや尾頭付きだ。しかしさすがに切り身の鮭やアジの干物では、あまりに絵にならないではないか。慌てた俺は「鯛の尾頭付き」を求めて、大急ぎで街のショッピングセンターへ車を飛ばしたのであった。

往復2時間のドライブののち、ギリギリのところで地鎮祭の会場に滑り込む。

「もう、何やってんのよ。鯛あったの？」

「あった、あった」

慌ててパックのラップをはがし、大沢社長が組み立てておいてくれた祭壇の中央に、お皿にのせてお供えするが、横から見ていたバンチョーが、余計な一言を挟み込む。

「なんだ期待させといて、随分小さいの買ってきたねー」

「うっさいわ、ほっといてくれ」

残念ながら、俺の財布は厳しいのだ。鯛の脇に果物やお酒を並べていると、神主さんが到着した。そのフル装備の出で立ちに、場の空気は一気に引き締まる。簡単な挨拶ののち、いよいよ儀式が始まった。まずは、木の棒にヒラヒラのついたお馴染みのアイテムをふるっていただき、神主さんが我々とお供え物を祓い清めてくれる。

ずらっと並んだお供物。こうしてみると確かに小さい鯛だ……。

　続いて祭壇に立てた神籬に、その土地の神様と地域の氏神様を迎え、祭壇のお供え物を食べていただいたのち、祝詞を奏上。その土地に建物を建てることを神様に告げ、工事の安全をお祈りする。そのひとつひとつの儀式が、目新しくて興味深い。

　その後、土地の四隅をお祓いし、刈初、穿初、鍬入等が行われ、玉串を奉納。締めに神主さんより鎮め物を収めた小箱をいただき、我が家の地鎮祭は無事お開きとなった。

「いやぁ、やっぱりやって良かったな」

「うん、そうだね」

　最初は、一生にそう何度もない機会だろうとやることを決めた地鎮祭だったが、思っていた以上に、これからの建築作業に向け厳粛で神妙な気持ちとなることができ大成功だった。また、友人や近所の人たちに、建築の始まりの挨拶ができたことも嬉しく、良い区切りとなった。

「ほら、これ植えようよ」

「ん？　何これ、サクランボ？」

　近所のホームセンター、コメリで売っていた、サクランボの苗木を買っておいたのだ。世の中には何か記念すべきとき、自分の土地に苗木を植える、メモリアルツリーという風習があると聞いていた。我が家でそれを植えるときがあるとするならば、娘も生まれ、自宅の建築を始める、まさに今しかないだろう。

「それで、なんで記念樹がサクランボなのよ？」

「いや、やっぱ食べられるのがいいじゃない」

思わず苦笑する嫁。

「枯らさないようにしないとね」

「サクランボ、いつ食べられるかなー？」

「ハルと3人で、食べられるといいね」

苗木から、サクランボの初収穫まで数年かかるという。さて我が家の建築と、どちらが早いだろうか。

## 巨大な基礎にびびる

神主さんをお見送りしたのち、式の準備と進行を手伝ってもらった大沢社長にも挨拶をする。

「今日はありがとうございました」

「いやいや、もうすぐご近所さんだからね」

「それで、工事はいつ頃始まりますか？」

「ああ、明日からやらしてもらうよ」

決まると事が早いのは電気水道工事で経験済みだが、さすがにここまで早いとは。翌朝現場に行くと、3人の職人さんの手によって、多数の杭が打たれ、水糸が張り巡らされるところであった。その糸の1本1本が水平に、平行に、美しく、規則正しく並び、走っている。当たり前と言えば当たり前の話なのだが、数々の失敗をした俺の目には、その繊細な作業のひとつひとつが奇跡の技と映る。

その後、ショベルカーなどの重機やコンクリートミキサー車などの出入りがあって、数日のうちに我が家のコンクリート基礎はあっけなく完成する。大沢社長の言った通り、布基礎の幅は広くて分厚く、とても頑丈そうだ。

ついに俺の目の前に、今までパソコン画面上に映る建築図面でしかなかった我が家が、その姿を現した。眼前に存在し手で触れるこ

何もなかった土地に現れた巨大な基礎。この上に家を建てる。

とも可能な、建坪34坪のコンクリート基礎の大きさは、あまりにも、あまりにも巨大で大迫力だった。

「このさらに上には、5mを超える高さの木造建築が建つのだ」

「そしてそれを建てるのは、俺なのだ」

「なんてこった。本当にそんなことできるのか？」

いよいよ始まってしまった、現実の建築工事。その「事の重大さ」に今さらながら、すくみ上がる。土地購入の予算オーバーと、電気水道基礎工事の代金支払いで、当面の建築費と生活費もままならない厳しい財政状況となっている。そして、今までの生活圏から引っ越し、仕事は激減。嫁は職場を退社し、新しい家族が生まれ……。この頃の俺は正直、プレッシャーに押しつぶされそうになっていた。

こんな気持ちになったのは、オーストラリア大陸を自転車で走り始めたとき以来だ。最初の街シドニーを出発して4日目の朝。安宿のベッドから這い上がり、汚れたカーテンの隙間から覗いた窓の外。その日は土砂降りの雨だった。

ここまでのつらかった道のり。しかし走った距離は、たったの200km。地図で何度確かめても、この後、走らなければならない道のりは、1万2000km。そのあまりの落差に絶望し、ベッドに突っ伏してしまった。

自分で言い出した「大きな計画」。それが実行されたとき、初めて体感する厳しい現実が、とんでもないプレッシャーとなって襲ってくる。後悔ばかりが口をつく。「こんなこと、始めなきゃよかった」と。

でも今の俺には「オーストラリアを一周した」経験がある。あの経験から知ったこと。それは「一歩ずつでも歩を進めなければ、いつまで経っても何も進まない」ということ。そしてもうひとつ。「最初の苦しい山を乗り越えれば、最高に楽しい毎日が待っている」ということ。いよいよ建築作業、スタートだ。

## 初めての材木屋さん

大沢社長たちがコンクリート基礎を作っているのと並行して、俺の方も住宅の軸組工事を始める準備をしていた。しかし再びここで、初歩的な疑問にぶち当たる。

「材木ってどこで買えばいいの？」

今まで、いろいろな買い物をしてきたが、柱の木を買ったことはない。奥多摩の古民家改修工事では、いつも施主のナカヤマが地元の森林組合から仕入れていた。素人には気楽なホームセンターをはじめ、いろいろと安いお店も調べたが、一度で終わる買い物でもない。

「木を買うんなら、やっぱり地元の材木屋さんだろ」とストレートに考え、大沢社長に近所の材木店を紹介してもらった。我が長瀞町の鎮守の神様、宝登山神社のすぐ近くで古くから材木を扱う「西山材木店」である。

事前に電話で訪問の約束を取り付け、店のある荒川西岸へ車で向かう。材木店の敷地には大きな材木倉庫が2つ並び、隣には豪壮な和風建築の母屋が建っている。その脇に事務所らしき建物があり、ガラス戸の向こうには人影が見えた。初めての材木店。俺はかなりびびっていた。

「捩(ねじ)り鉢巻きにごま塩頭の、おっかない親父が怒鳴りながら出てきたらどうしよう」

そんなアホな妄想を振り払い、意を決して中に入ると、応対してくれたのは、気さくな若社長だったので、ホッとする。年の頃は大沢社長と同じくらいか。優しそうに笑ってはいるが、しかし、明らかに不審そうである。それはそうだろう、素人が板1枚を買いに来るような店ではない。ここでも正直に話すことにした。

「日曜大工で、家を建てようと思うんですが」

「ほうー」

「家1軒分の材木、適当に見繕(みつくろ)ってもらえませんか?」

「ほう、家1軒分⁉」

「お金はあんまりないっす」

「ほうほう」

どうやら若社長は「ほう」が口癖のようだ。人の良さそうな若社長は、我慢強く素あり。

人の話を聞いてくれるのだが、こちらの希望が曖昧すぎて、戸惑っている様子、ありありだ。

「家1軒つっても、いろいろ使うんでねー」
「そうでしょうね」
「まず買うなら、土台だね」
「基礎の上、一番下に敷く木ですね」
「ほう、よく勉強してるね」
「いやいや……」

奥多摩の経験は、無駄ではなかったようだ。この土台、当然一番地面に近い所にあり、コンクリートの基礎とも接しているため、湿気や虫などによる腐食が心配な部材だ。そのため、檜や栗などの耐久性の高い材木が昔から使用されてきたが、最近の一般的な住宅建築では防腐剤を注入した、輸入材が使われることが多いようである。ホームセンターの材木売り場でもよく見かける、濃い緑色の材木だ。

我が家は金はないが、できることなら、無垢の日本の木で建てたいと思っている。防腐処理で緑色のおがくずが出る木は、なるべく避けたいところ。

「国産の無垢材で土台にするなら何がいいですかね？」
「ほう、無垢材!!　そりゃ栗が一番だが、まぁ現実的には檜だろうね」

「檜って高くないんすか⁉」

「世間で思われてるほどではないよ」

「じゃそれでお願いします」

## 国産か輸入か

土台は檜でいくことになりそうだ。ここまでは勉強通り。土台ときたら、次はそこに立つ柱。

「柱は何がいいんすか？」

「普通は杉か檜。最近は集成材も人気だねー」

集成材とは、数枚の板状の材木を重ねて接着剤で固めたもので、狂いも出ず強度もあるのでハウスメーカーには人気があるようだが、もちろん我が家では却下。

「杉と檜の柱って、値段はどれくらい違うんですか？」

「ま、時期にもよるけど10尺（3ｍ）の4寸（12㎝）角で……」

ピッピッピッピと電卓を叩く若社長。

「今だと杉で1本、2800円、檜だと3800円かな」

西山材木店の若社長には、工事期間中、ずーっと世話になりっぱなし。

「そんな変わんないんですね」

平屋の30坪くらいの家1軒で柱は、だいたい70から80本ぐらい。なので差額は7万～8万円。高いと見るか安いと見るかは、その人次第だろう。で、うちの場合は……。

「柱の強度は、どんなもんすかね？」

「杉だから倒れたって話は聞かんねー」

「じゃ、杉でいいっすかね」

「『ちゃんと』やれば、変わらんでしょ」

というわけで、杉を選択。「ちゃんと」というところを強調するのを忘れない若社長だった。

主要構造材で残るは、柱の上にのる梁桁（はりけた）。梁と桁、これの違いは何なのだろう？ 実は俺もよくわからん。英語だとどちらもビームになると思われる。要するに柱の上にのっている、水平方向の構造体のことで、木を横に使い上に屋根がのるわけだから、強い木でなければならない。

「梁はどうですか」

「集成材が嫌なら、ベイマツだね」

「ベイマツって輸入材ですよね？」

「ベイっていうくらいだから、アメリカだね」

「国産はないっすか」

「ほうほう、国産ねー。松の国産、高いよー」

　住宅に使う材木には地方色があるが、関東地方では昔から梁には、松の仲間が使われることが多い。しかし梁に使用するような太い松は、現在、なかなか流通していないのが現実。

　若社長が、電卓片手に電話をかける。国産のクロマツと、もうひとつは一般の住宅で大きなシェアを誇るベイマツ「ドライビーム」。想像通り、結果は歴然だった。

「値段は倍違うねー」

「倍っすか⁉」

「しかもクロマツだと、グリーン材になるね」

「グリーン材？？？」

「人工乾燥させてない材のこっさね」

「それだとどうなるんです？？？」

「松のグリーンだと、プロペラみたいに捻（ねじ）れまくることになるね」

「？？？？？？」

　現在一般に流通している材木はＫＤ材と言って、人工乾燥させた上で製材してあるので、それ以上の歪みは出にくいのだが、流通量の少ない松をＫＤ材として出していいる所はあまりなく、特別なルートがないと手に入りにくいとのこと。

そのうえ松は曲げ方向の強度が高く、建築材として非常に良い木ではあるが、乾燥する過程で、杉や檜よりも、反りや捻れが非常に出やすいのだ。

「悩みますねー」

「自分で建てるんでしょ」

「そうっす」

「ベテランの大工さんならねー」

ここは悩みどころ。「日本の林業を守るためにも国産の木を使いたい」ってなことを言えば、カッコいいところだが……ない袖は振れない。そのうえ、「持ち上げたバカデカイ梁が、捻じ曲がっていて柱に刺さらない」なんてシーンがアリアリと浮かぶ。全国の林業関連の皆様、申し訳ありません。ここはひとつベイマツを使用させていただきます。

「ベイマツにします」

「ほう、決めましたか」

「はい」

「じゃ、まずは土台を納品すっから」

「お願いします」

「土台、終わったら、また連絡ちょうだい」

「いつになるか、わからんすけどねー」

「ほうほうほう（笑）」

こうして俺の材木屋訪問は無事に終わった。数日後には大量の材木が届くことだろう。当面の材料調達のメドが立ち、あとはひたすら届いた材木に加工を施していくだけだ。思い悩むことの多いここ数日。何かできる作業が増えるのはとても嬉しいことだった。

## 仕口（しくち）とは何か？

基礎工事が終わった旨、西山材木店に連絡すると翌日、大きなトラックで大量の材木が運び込まれた。断面が12㎝×12㎝、いわゆる4寸角と呼ばれるサイズで材は栃木県産の檜。長さは4ｍ。扱い慣れない人ならば、1本を肩に担いで歩くのも難しい。そいつが全部で35本。整然と積まれた材木の山は、文字通り俺には巨大な山に見え圧倒された。しかし実際には建物の下端、土台の分だけでしかない。これから先、いったいどれほどの数の材木が、この場所に届くのだろう。

こいつを所定の長さに切断し、それぞれの端っこに「仕口」の加工を施していく。

「仕口」とは材木同士を組み合わせてつなぐとき、その接点に作られるパズルのような加工のこと。この「仕口」、古くから多種多様な工夫が凝らされたものが多くあり、家を建てる上で、どこにどの「仕口」を採用するかも重要な検討課題のひとつである。

さて今回の土台作り。建築図面をひもとき計算したところ、35本の檜から作らなければならないパーツはズバリ49個と判明する。これら多数のパーツが組み合わさり、我が家の土台を形成することになるのだが、そんな複雑な組み合わせ、俺の頭の中だけでカバーするのはあまりに危険というものだ。そこで図面を基にパーツの分解図を描いてみた。

まずは、マス目のノートに土台の完成図を描く。家の全幅は13mあまり。当然4mの材木1本では長さが足りないので、継ぎ足す場所が出てくる。では、どこで継ぎ足すのか？以前に書いた通り、「日本の建築は、91㎝の

西山材木店の大型トラックで届いた長さ4mもある土台用の材木。

倍数でできている」と覚えておけば、ほぼ間違いない。間取り図作成ソフト「３Ｄマイホームデザイナー」で間取り図を描くことで始まった我が家も、その寸法を基にして設計されており、大沢社長が作ってくれた基礎もその寸法通りになっている。だから91cmの倍数、具体的には家の端っこから91cm、１８２cm、２７３cmなどの数字の場所に、柱が立ったり、土台が交差したりすることになる。ならば土台を継ぎ足す場所は、そのような重要な場所を外したところに持ってくれば良いと考えるのだ。

　これとは別に、経済的理由から「材木をどこで切断するか」も重要な問題となってくる。12cm角の檜の４ｍ材、１本がこのときは４０００円だった。これを適当に切っていると、切れ端が中途半端に余ってしまい、非常にもったいないことになる。１本の材木で、何個のパーツが作れるか？　材木を有効活用する組み合わせを、慎重に検討する作業は「木取り」と呼ばれ、プロの大工の世界でも重要だと言われている。

　土台の材木が隣の材木と接合する場所に「仕口」を作る。くっつき方は2種類で、延長する方向の「―」か、交差する方向の「├」かだ。それぞれの接合で、古来、日本の棟梁はいろいろな方法を編み出してきたのだが、我が家の土台では「―」では腰掛け鎌継ぎを、「├」では腰掛け蟻継ぎを採用することに決定した。どちらも機械加工が主流になった現代の住宅建築の現場でも多用される、とてもポピュラーな仕口で、加工の簡便さと、接合の強さのバランスがとても良い。もちろん、より強力な

# セルフビルドで使った基本の仕口

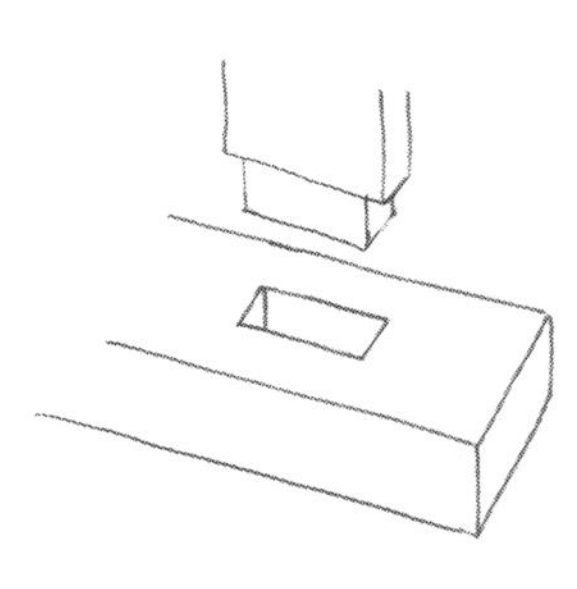

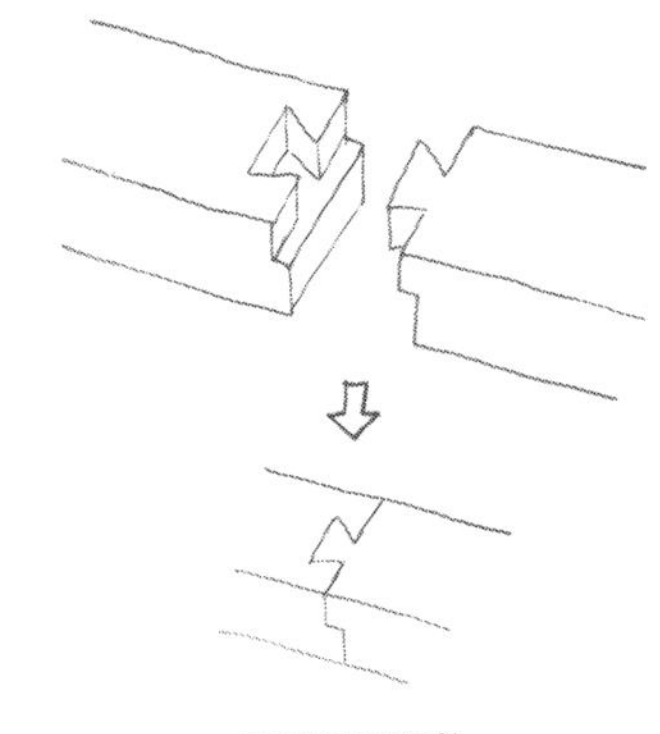

### ほぞ継ぎ

四角い穴に四角い出っ張りが入る、最もスタンダードな継手。住宅建築の現場では、柱の上下で多用される。ま、フツーだよね。

### 腰掛け蟻継ぎ

強度は低いが、加工が簡単なため、仕口の入門に最適な継手。台形部分が蟻の頭に似ていることから、この名前がついたそうな。

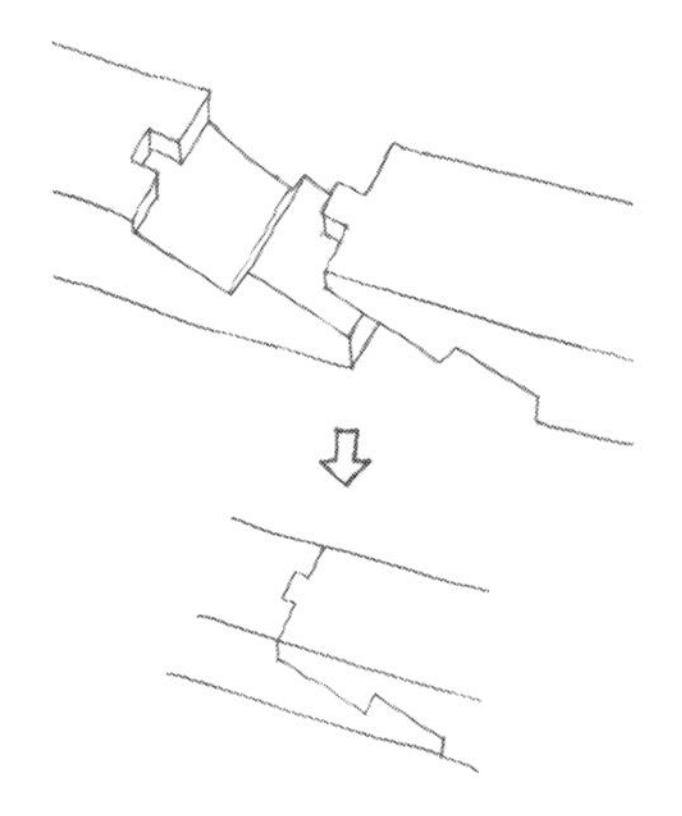

**台持ち継ぎ**

斜めに加工した材木を組み合わせる継手。太い材木同士の接合も可能で梁を長手方向に継ぐときに使われる。作れるとカッコいい。

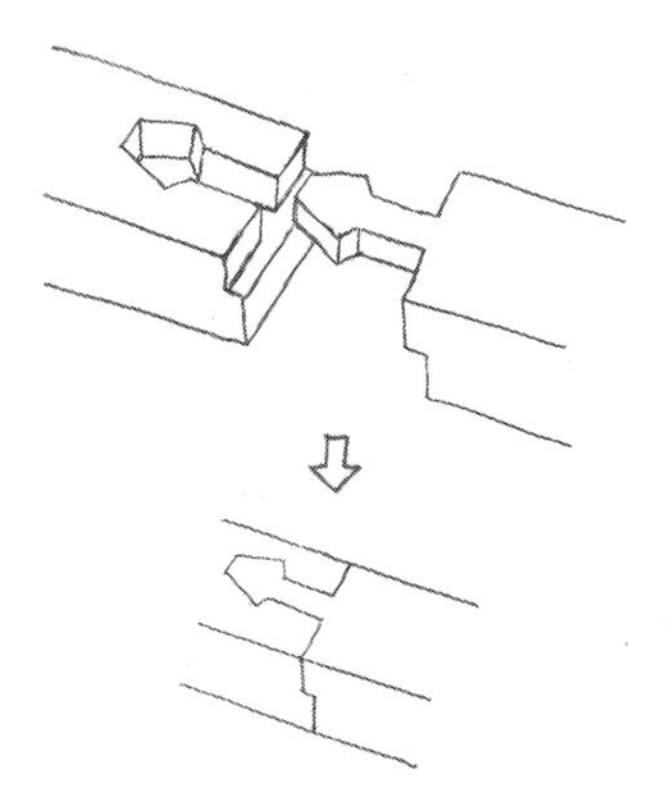

**腰掛け鎌継ぎ**

蟻継ぎより加工は難しいが、強度が高い継手。引っ張り方向の力に強い。矢印型の穴の加工はコツが必要で、慣れるまでは大変。

仕口も多数あるが、まずは簡単なところからとしたい。なぜなら、建物の骨組みで一番下に来る土台は、非常に重要ではあるのだが、さらに下にあるコンクリート製の基礎に太いボルトで留めつけるので、ぶっちゃけ少々雑でもなんとかなるのだ。まあまずは、ここで練習しておくというのが正解だろう。

## 記念すべき第一刀目

作業に先立ち、工具の準備も忘れてはいけない。奥多摩の経験もあるので、必要なものは一通りわかっている。大事なのは、あんまりケチらないこと。道具でケチると精度がガタ落ちする上に、時間と労力の消耗が激しい。さらに怪我が怖い。「切れない刃物は危ない」ってやつだ。そんなことを考えつつ、近所のホームセンターコメリで作業の進捗状況に合わせ、必要な道具をいろいろと買い揃えた。

「ではいよいよ、刻みに入ろう」

「おー、やっと始まりますか」

娘を背負った嫁が、茶々を入れる。人が神妙な気持ちで、記念すべき第一刀目を入れようとしているのに、呑気なものだ。仕事もあっさり辞めちゃうし、女の方がこういうときには肝が据わっているのかね。

さて気を取り直し、一刀目。先日コメリで買ったばかりのマキタ製電動丸ノコで、檜を切断し「腰掛け蟻継ぎ」の加工に取りかかる。頭に逆台形がついた形のこの仕口は、シンプルで作りやすい上、それなりに強度もあり、建築はもちろん、家具作りの現場でも広く普及している傑作仕口のひとつ。セルフビルドで家を建てる人なら、必ずお世話になること間違いなしだ。

作り方はいろいろあるだろうが、まあ適当に。コツは丸ノコを2台使って、深さの調整機能を最大限生かすこと。慣れればオス・メス合わせて、作製には10分もかからない。

しかし当然、初めからできたわけではない。俺が初めて仕口という言葉を意識したのは、奥多摩の古民家の玄関を工事したときであった。

その日、俺たちは無計画に古民家の玄関と周囲の壁をぶっ壊し途方に暮れていた。

「あーもー、急いで新しい玄関と周りの木の骨組みを作らなきゃ」

なぜなら玄関がないと、古民家の中に風雨が吹き込むだけではない。なぜか玄関上の屋根が垂れ下がってきたのであった。

「おい、だからこの柱は切っちゃダメって言っただろ！」

「やっちまったもんは仕方ないだろ。それより早く材料を揃えるぞ」

「つっても、この継ぎ足し部分、どうすんだよ。ネジで留めるのか？」

　玄関といっても、土間へと続く古民家の入り口は広く、このときに工事した壁と開口部の長さは間口3間（5・4m）。通常販売されている材木では、どこかで継ぎ足さないと、骨組みを作れない。そこで登場するのが仕口である。

「確か、こんな感じに材木の端っこを切って、組むんじゃなかったっけ？」

　よく参考書を見もせず、おぼろげな記憶を頼りに慣れないノコギリを振り回して、仕口を切り出し、組んでみるが、

「おいこれ横にも縦にも、ガタガタだぞ」

「……。仕方ない。ネジで留めときゃ大丈夫だよ」

　このときの惨憺（さんたん）たる結果から2年あまり。奥多摩で数多くの仕口を刻み、俺の木工の腕は目覚ましい進歩を遂げていた。ナカヤマ、感謝してるよ。


　そしてもうひとつの主力が「腰掛け鎌継ぎ」。矢印の形をしたその作りは蟻継ぎより複雑だが、その分強度が高く、長手方向に継ぎ足していくときに多用する仕口だ。ややこしそ

腰掛け鎌継ぎ（左）と腰掛け蟻継ぎ（右）を作ってみた。我ながらうまくできてる？

うな形だが、蟻継ぎ同様、慣れれば作る工程はそれほど難しくはない。コツは同じく、丸ノコの深さ調節。あと絶対に必要なのが、巨大電動工具の「電動角ノミ」。このひたすら四角い穴を開けることだけに特化した工具さえ手に入れれば、それほど加工に時間はかからない。

## 土台は雨ざらし

梅雨明けから夏、秋と過ぎ、やがてクリスマスソングの流れる、その年の終わりまで、仕事の休みは全てを加工に費やし、土台の刻みは完成した。しかし刻んだ土台を積み上げた山は、搬入（はんにゅう）されたときを超える高さとなっている。次の加工は梁と桁。そのための材木がここに届いたら、単管パイプと安トタンで屋根を掛けただけの仮資材置き場から、はみ出してしまうだろう。

積み上げた材木が、雨ざらしになると、カビや傷みが心配だ。さて、どうしたもんかと考えたのだが、妙案はいつまで経っても出なかった。

「それじゃ仕方がない、もう基礎に設置しちゃおう」

「えー、じゃあ結局雨ざらしじゃないの」

「仕方ないじゃん」

そうなのだ、これでは同じく雨ざらしなのだ。だが資材置き場の外に密に積み上げないだけ、雨も乾きやすいし、腐りは発生しづらいだろうと考えた。なんにせよ、倉庫や作業ガレージなど夢のまた夢。セルフビルドの建築工事では、いろいろな場面で、「仕方ない」でいくしかないのだ。

突然始まった土台の据え付け工事。コンクリート製の基礎に土台を据え付けるときに面倒になるのが、アンカーボルトの穴開けだ。アンカーボルトというのは、コンクリート製の基礎に田植えの苗のように植えられた径12㎜のボルトのことで、こいつで基礎と土台を緊結(きんけつ)するというわけだ。このボルトが基礎のあちこちから生えている。しかし施工時点では、ベースとなるコンクリートは生のドロドロ状態だから、いくらプロの大沢社長でも、そんなに精度高くボルトを仕込むことは難しい。そのため、基礎の中心線から右や左に1～2㎝ずれて立っているのが通常なのだ。そしてそれに合わせて、土台の材木にドリルで、ボルトが通る穴を開けなければならない。この場所合わせが結構めんどくさい。

その上、直径15㎜くらいの穴を、厚さ12㎝の材木に、ドリルでまっすぐに貫くというのは、素人にはなかなか至難の業。せっかく精度よく穴の位置を決めていても、斜

電動工具は便利だけど、作業全体を見ると手で工作する箇所も非常に多かった。

めにドリルが入ってしまい、反対側では明後日の方向に開いていたりする。頭にきて太いドリルでやると、がばがばすぎてナットがシッカリ留まらない。材木は重いし、初めて刻んだ仕口はまともに入らないし、散々なのだった。ただしやることは単純作業なので、時間と根性でなんとかはなる。そしてやはり、プロが作った基礎は精度が高いことがよくわかる。当たり前だが、まっすぐだし、直角だし、水平だ。素人細工の怪しい土台のパーツも、この基礎に描かれた基準点に合わせて微調整すれば、それなりに正確な土台ができあがる。悔しかった基礎工事のプロへの外注だったが、これはまあ、嫁の判断は正しかったと言えるだろう。

数日かけて、据え付けられた土台だが、前述のように雨ざらし。土台には将来、柱が刺

お昼寝中の娘を背負って掛矢を振るい、嫁さんが土台の据え付けを頑張る。

さる「ほぞ穴」が多数開いている。セオリーではこの穴は、裏まで貫通させるのが正しいのだが、その作業が手間だったため、途中までしか開けていなかった。そうすると、いかにも中に雨水が溜まりそうで、不安がいっぱいなのだ。ではということで、近所のホームセンター、コメリで売っている一番巨大なブルーシートを3枚買ってきた。これを基礎と土台全体を覆うようにかけておいたのだが、ある雨の日の翌朝、そこは巨大なプールになっていた……。濡れるのも困るが、何よりずっとそこに水気があるということが、木には良くない。これではダメだと、シートを細断し、今度は土台の木の上だけにポンチョのようにかぶせて、両サイドをホッチキスの針で留めていった。

「なんとも弱々しい雨対策だね」

「仕方ないじゃん。これくらいしか思いつかなかったんだもん」

そうなのだ、仕方ないのだよ。

「檜は水に強いっていうしね」

なんとも苦しい強がりだが、やむを得ない。このまま屋根がかかるまで何年かかるのだろうか？　それまでの期間、この土台には耐えてもらうしかない。達成感半分、不安半分。なんともスッキリしない気持ちのまま年が暮れ、新しい年が始まろうとしていた。そう、我が家の忘れがたい1年。娘が誕生し、様々な準備に奔走し、電気が来て、水道がつながり、地鎮祭、基礎の作製、材木購入、仕口の刻み……初めての建築作業に没頭した2010年がこうして暮れていったのである。

作業中はコンテナハウスで、家族揃って昼食を食べる。

作った土台をコンクリ基礎にセットした。このまま数年間は雨ざらし。

# 第3章　刻んで建てて

2011

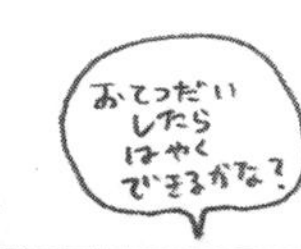


## 梁と桁をどう組むか、それが問題だ

家の骨組みの一番下にある土台。これが完成すれば次に刻むのは、頭上を行き交う梁。セルフビルドの勉強を始める前までは、梁なんて、土台と同じような作りでいいのだろうと、簡単に考えていた。しかし予習のために建築の本を読んでみるとどうにも様子が違う。どうやら梁は、渡す場所によってえらく太いところがあるらしいのだ。

考えてみれば当たり前で、梁を下で支える柱が少なく、間隔が広い場所では、梁を太くしなければ、屋根の重みを支えきれないということだ。ではどのように、その太さを決めるのか？　昔の棟梁の格言では「間四(けんし)の法」というらしい。要するに「柱と柱の距離が1間（182cm）ならば、梁の太さは4寸（12cm）必要」ということだ。だから間隔が2間（364cm）なら、太さは倍の8寸（24cm）となる。しかしこれは最低限の数字らしく、これに、屋根材の重さや使う材木の樹種などを加味し、経験則で太さを調整するらしい。しかしながら残念なことに、俺の経験は絶望的に乏しい。

　梁の太さが決まらなければ、材木の購入もできない。これは困ったと悩んでいたら、奥多摩の古民家工事のときにいろいろとアドバイスをくれた、大工の棟梁清水さんから呼び出しがかかった。ナカヤマから噂を聞きつけ、心配してくれたらしい。

「家建ててるんだってな。小屋組で悩んでるそうだが、この通りに作れよ」

　清水さんから手渡されたA4サイズの紙には、手書きで丁寧に梁桁の組み方が描かれていた。

「清水さん……。ありがとうございます!!」

「ふん、耐震補強もちゃんとやれよ」

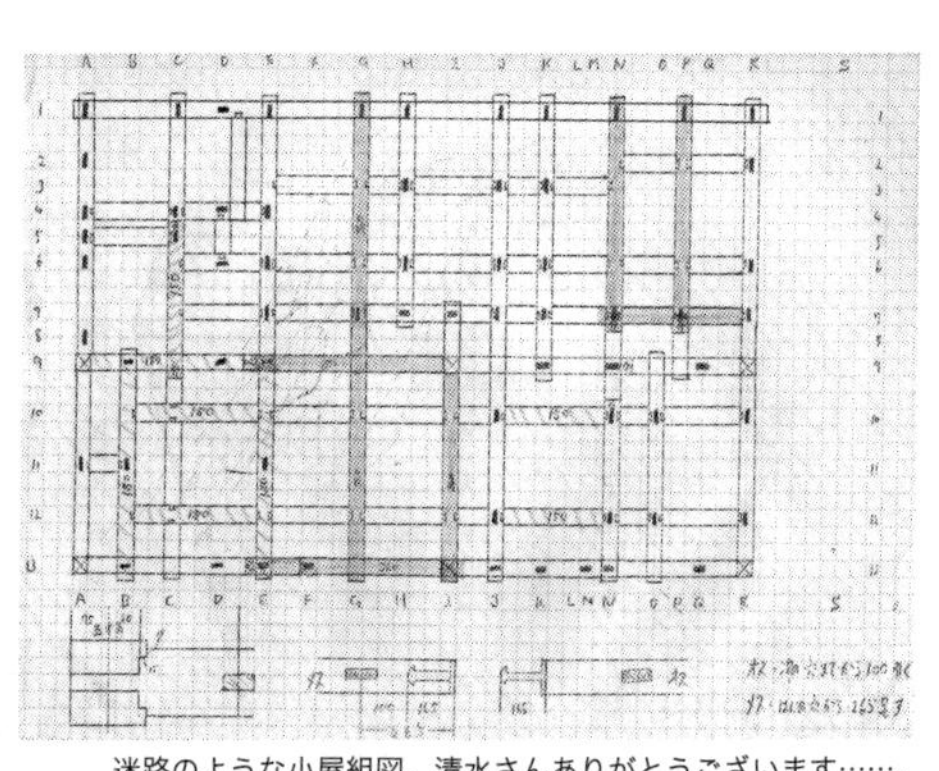

迷路のような小屋組図。清水さんありがとうございます……。

ビール1箱と交換だった。

「よかったなー。こんなややこしい図面、普通は描けないぞ」

「ところで、オメーのとこの古民家、どうなってんだ？」

清水さんが、ジロリとナカヤマを睨む。

「いやー、やっとメドが立って、そろそろ住み始めようかと」

ナカヤマが古民家を買って早3年が過ぎ、ようやく完成が見えてきたのだった。

「みんな、よくやるよ。今度遊びに行くかんな」

「はい、ぜひ‼」

たくさんの人に助けられる。これもセルフビルドならではである。

## 寝ても覚めても梁の刻み

ようやくスタートラインに立てた梁の刻み作業。だがその作り方は案の定、難しい。何が難しいかというと、基礎に置く土台と違い、梁には上と下があるということだ。当然、前後と左右もある。要するに3Dなのだ。これはまた頭がこんがらがる。清水さんが描いてくれた図面をさらに分解し、作るパーツを1個1個、絵に描いてみる。しかその数、全部で51個。そのそれぞれに、細かくほぞ穴や、継手の位置を描き込む。しかし今描いた、この絵が本当に合っているかどうかは、全部の刻みが終わり、家全体を組み立てるその日までわからない。これは、なかなか緊迫感のある仕事だ。1個、何かが間違っていれば、その列やその周辺、全部のパーツがゴミになるという可能性もなくはない。電卓と定規、シャーペンを握りしめ、本気の計算を繰り返す毎日だったが、なかなか頭がついてこない……。

ない頭をフル回転させ続けて数日が過ぎた。なんとか描いたパーツの分解図面を基に、いよいよ加工作業を始めることにする。「もしかしたら、間違っているかも」。そんな不安が心のどこかにある。しかし考えてみても仕方がない。とりあえず今は無視することとしよう。図面の束を持ち、現場に出発しようと靴を履いていると、アパートの台所シンクで娘を沐浴させながら、嫁さんが気軽に声をかけてくる。

「全部ダメでも、まあ数十万円だよ」

なんとも、ありがたい話である。

さてとりあえず、簡単そうなパーツから始めるが、土台の刻みで木工の腕が上達し

梁の刻みは嫁さんも頑張りました。トコトコ歩き回る娘が危険です。

た俺は、スイスイと刻みを終えていく。するとここからが土台と大きな違いで、材の太さがだんだんと太くなってくるのだ。そんな中、出てきたのが、厚さ36㎝の梁同士の結合。これでは、今までの鎌継ぎや蟻継ぎだけではカバーしきれない。再びアパートに戻り、専門書を並べて頭をひねる。

「あいかわらず、難しい顔してんね？」

「うーん、研究してます」

そう言って俺が引っ張り出してきたのが『棟梁に学ぶ家　図解木造伝統工法　基本と実践』という和風建築の専門書。これには俺の腕ではとても再現できないような、複雑な仕口も多く図解されている。そんな中から、太い材木に適して、かつ比較的簡単そうな「台持ち継ぎ」を採用することにした。

「で、採用ポイントは何よ？」

「丸ノコで、なんとかなりそうなところかな」

「なんだか締まらない理由ねー」

そう簡単に言うなかれ。丸ノコの深さ調節機能を使うと、ズブの素人の俺でも、材木を

我が家で一番太い梁。小さかった娘にはどのように見えてたんだろう。

ミリ単位の精度で加工できるのだ。今回採用した「台持ち継ぎ」の加工部分は、この機能の応用でかなりの部分を作れるのだから、自分のノミさばきに信頼を置けない俺にとってはありがたい。しかしどれほどうまく加工ができたように思えても、2本の梁は、ひとつひとつが大変デカくて重く長いので、試しに組み合わせてみるということが不可能なのだ。この2本がピッタリ合うのか、あるいは合わないのか、これもやはり実際に組み上げる当日までわからない。

そんな試行と錯誤の日々を繰り返し、冬に始めた梁の加工作業は、カタツムリのようにノンビリした足取りながらも、着実に歩みを進め、季節は暑い夏へと変わっていた。資材置き場の屋根の下、加工済みの材木の山は日に日に、その高さを増していき、

刻みまくったおかげで仕口の加工もだいぶ上達してきた。

未加工材の山を、とうの昔に見下ろすようになっていた。しかし完成したパーツを積み重ねるそのたびに、俺の心にも不安の種が澱のように降り積もっていく。完全に暗記してしまった、縦横に走る梁同士の組み合わせ。そのイメージが毎夜、寝床に入ると頭の中で点滅し、ただでさえ寝苦しい夏の夜をより一層不快なものとした。

## 秘密兵器の導入

夏場、仮設の資材置き場の屋根しかない昼休みは、結構しんどいものである。自慢のコンテナハウスは、この時期は完全に高温のオーブンと化しているので近づかない方が良い。弁当をかき込んで、小さな日陰でぐったりしていると、アイスキャンデーを土産に嫁と娘がやってきた。

「あっついねー」

「おー、アイスいいね。夏に外で食うと美味いよな」

「東京にいた頃は、そんなに食べなかったけどねー」

「あうあうー」

冷たいアイスを頬張って、傍に積んであった専門書をパラパラめくる。

「それで、なんかシンドそうにしてたけど、今は何やってるの？」

「こいつらと格闘してるのよ」

アイスキャンデーの棒で俺が指すその先には、そのまま高級すし屋のカウンターテーブルに使えそうな、分厚く重いベイマツが積み上げられていた。

「前から気になってたけど、この太い木はどこに使うの？」

「あんたが、広くしたいって言って、柱を取っ払ったリビングの梁だよ」

「あー、あそこね。こんなに太いのがいるんだー。ずいぶん重そうね」

随分と軽く言ってくれるが、そう、この材木は重いのである。どのくらい重いのかというと、俺1人では、まず持ち上がらないし、運べない。上下をひっくり返すのも一苦労なのだ。しかしこいつを刻み中は、当然のように裏だの表だの、丸ノコとノミを当てるたびに、ひっくり返さねばならない。強い強い日差しの下の作業で俺の体重は、ひと夏で4kg減ったのだった。

寝ちゃった娘を背負い刻みは続く。母は強いですな。

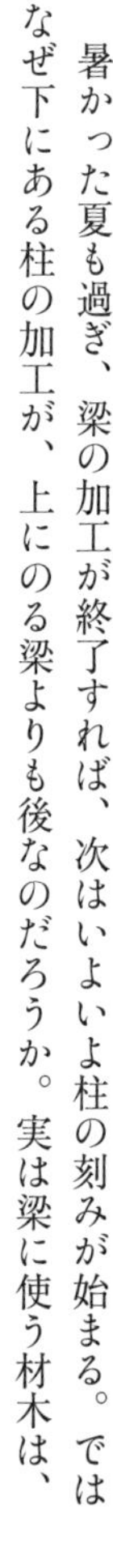

暑かった夏も過ぎ、梁の加工が終了すれば、次はいよいよ柱の刻みが始まる。ではなぜ下にある柱の加工が、上にのる梁よりも後なのだろうか。実は梁に使う材木は、

いくら上手に乾燥し製材された木でも、微妙な反りを持っており、梁の真ん中は、両端よりも1〜3㎜くらい高くなることが多いのだ。この微妙な高さの違いを各柱の長さに反映させなければ、梁の中間に入る柱はスカスカになってしまう。そのため先に梁を加工し、材木の反り具合を逐一メモしておかなければならないのだ。当然、これが工場で作られた集成材を使うなら、この誤差はほとんど出てこない。

「自然素材で作るって、結構大変なことなのだよ」

「とと、すごーい」

ようやく話し始めた、我が娘に褒められる。苦労も報われるというものだ。さて秋晴れの空の下、西山材木店が新たに届けてくれた柱用の材木は、栃木県産の杉4寸角、76本。この柱用材木76本も次々に加工するのだが、今までの複雑な継手加工に比べれば、通常の柱は、その長さをキチンと確認さえすれば、あとは上下を凸型に加工するだけなので簡単なのだ。おまけにここ最近ヤフオク！で買い物をする楽しさに目覚めてしまった俺は、さらなる秘密兵器をゲットしていた。

「じゃーん。こいつだ」

「何ですか、この拷問機械みたいな物体は」

その名も「ホゾ切りカッター」。正式名称はマキタホゾキリ５００S。名前の通り電動工具の大手メーカーマキタ製で、型番から調べると昭和50年代に作られたもののようだ。頑丈な土台に、ギロチンのように上下する鋭利なノコギリの回転刃を持つこの装置。見た目はまんま、悪の組織の拷問機械といった風情だが、こいつの作業効率は絶大なのだ。重量68kgの本体中心部に取り付けられた、丸ノコ4台分（！）のノコギリカッター。この4枚のノコギリ刃は、縦刃毎分1650回転、横刃毎分2200回転の速さで高速回転し、台上に置かれた材木の端を、あっという間に凸型に加工してしまう。工場で全ての材木を加工するプレカットが主流となった現在、こんなにもすごい機械が中古で9000円とは、セルフビルダーには良い時代になったものだ。

「そんなわけで柱の凸部の加工は、任せたから」

「結構、怖いんですが」

俺がミリ単位の正確さで、柱の材木を切断し、それを嫁がホゾ切りカッターで加工する。しかしこの機械、丸ノコ4台分だけあって、回転音はかなりの轟音だ。おまけに最近よく歩き回る娘は、現場では危なくって仕方がない。仕方なく娘を背中に括り付け、機械を操作する嫁であった。

これがマキタのホゾ切りカッターだ！

**やっぱり大黒柱が欲しい！**

「ところでさ、大黒柱を入れようよ」

「大黒柱って、今から入るの？」

当然、普通ならば入らない。なぜなら全部の柱の位置はもう決まっているのだから。

「でもせっかくだし、ここにもう1本入れて太い木を使っちゃおう」

「ええ！　それって無駄なんじゃないの？」

そう、なければないで全く問題ない。しかし大黒柱は単純にカッコいい。呆れる嫁から逃げるように、西山材木店に連絡を入れる。

「西山さん、大黒柱に良さそうな安い木ないですか？」

「は？　サカグチさんの現場、大黒柱なんてありましたっけ？」

「いや最近、あることになったんです」

「ほうほう。それは珍しい」

まあプロの現場で、建築途中に柱の数が増えることはないだろう。

「大黒柱なら普通は欅（けやき）、あと檜も人気か。太さは8寸（24㎝）角、できれば1尺（30㎝）角は欲しいかな」

「高いんでしょ」

「高いね。それに簡単にはノコで切れないよ」

「何か良いのないですかね？」

「ちょっと、探しとくよー」

そうして1週間あまり。楽しみに待っていた俺の元に、やってきたのは紀州産、6寸（18㎝角）6mの杉の角材だった。大黒柱の材料として、字だけで見ると、少々しょぼく思えそうだが、実際に目の前にやってきたこいつは迫力満点。何がすごいかといえば、1人ではひっくり返すこともままならない上、俺の持っている一番でかい丸ノコで材木を1周、4面に刃を入れて切っても、完全に切断することができない。

「いやーすごいなー。こんなのどうやって、切ればいいんだ？」

「そんな面倒なことやめて、さっさと家を作ってよ」と嫁は不満顔だが、いやいや、そうはいかない。これは「男のロマン」なのだ。

数日の格闘ののち、なんとか大黒柱の刻みも終わり、ようやくこれで材料の刻みは

大黒柱につながる部材を工作する。ちなみにこの材はボツとなりました（泣）。

一段落。資材置き場には、膨大な数の材木が、所狭しと積み上げられている。しかし、これらが本当にちゃんと組み合わさるかは、くどいようだがわからない。1個1個の仕口のオスメスの形が合わず、微調整するくらいなら構わないが、ほぞ穴や継手の場所がずれていたら、その周辺の材料全てが致命的ダメージを受けるのだ。本当にちゃんとできているのだろうか？　毎夜毎夜、俺を苦しませ続けた梁と桁の迷路のような設計図。その複雑な組み合わせを、何度も何度も、頭の中と紙の上でシミュレーションしてみるが、何回やってみても、その組み合わせは間違ってはいない。しかし心の中の不安は抱えきれないほどの重みとなって横たわり続けている。本当に、本当に、大丈夫なのだろうか？

## クレーンを作ってみた

材料も揃った師走のある日、ついに「建前（たてまえ）」の第1弾を決行しようと思う。「建前」とは「建物の骨組み、土台・柱・梁桁・母屋（もや）・棟木（むねぎ）などを組み上げる」ことで「棟上（むねあ）げ」ともいう。

建築のプロフェッショナルならば、「建前に第1弾も第2弾もない」と言うだろう。なぜなら普通建前は2〜3日で終わるのだから。しかし素人建築の我が家、1本目の柱を立ててから、棟木が上がり、その上に屋根がかかるその日まで、果たして何カ月かかることになるのだろうか……。

第1弾は、土台の上にひとまず全ての柱を立て、梁をまわすところまでとし、友人に協力願いのメールを送る。最大の問題は天気だろう。屋根がかかるまで雨が降らないというわけはないので、途中の雨濡れは覚悟の上。しかし、高所作業中の雨だけは避けたい。天気予報とにらめっこしながら、作業日を決定する。

助っ人たちの集う建前の前日。まず始めたのがクレーンの設営だ。ここでクレーン車が来てくれれば嬉しいのだが、そんなもの呼んでしまったら、いくらかかるかわからない。

そこで自前のクレーンを作製だ。ネットで見つけた方法が、単管パイプ3本で作る三脚クレーン。道路工事や庭作りの現場で岩や木の根を持ち上げたりするのに使うらしい。さっそく6mの単管パイプ3本と専用の金具を買ってきて組み立てたが、これが重い!! とても1人で立ち上げることは不可能だ。中途半端な体勢で、ウンウン踏ん張ってもがいていると、

「おいおい大丈夫かい」

「すんません、動けません」

南隣の畑で、この年最後の秋野菜の片付けをしていた岩田じいちゃんが、見かねて応援に来てくれた。しかし2人で頑張っても肩より上には上がらない。

「なんだなんだ、どうしたい？」

童話「大きなカブ」さながら、今度は、北隣の吉田のじいちゃんが大声を聞きつけ駆けつけてくれる。男3人が力を合わせ、クレーンはようやく立ち上がった。脚を開けば、三脚の頂点は地上5ｍを軽く超える。なかなか壮観な光景である。

「おお、でっかいの」

「屋根は、あそこくらいまでになるんか？」

「そのはずですよ、たぶん」

「たぶんじゃ、困るだろ（笑）」

お年寄りに無理をさせてしまった。改めて礼を言い、次は引っ張り上げる仕組みについて考える。通常ならばこの三脚の先端に、カラカラとチェーンを回すチェーンブロックをつけるのが一般的だろう。ところがなぜか、今俺の手元には電動ウインチがあるのだ。このアメリカ製のバカみたいに強大な力を持つウインチは、アパートの隣に住む嶋田のおっちゃんに借りたものである。嶋田のおっちゃんはアメリカ帰りの石屋さんで、大量の珍しい石材とアメリカ仕込みの強力工具を多数所持している頼もしいおっちゃんだ。昨日、建前をすることを伝えると、倉庫からウインチを引っ張り出し貸してくれたのだ。

真っ赤なボディが頼もしいこいつを三脚の足元にくくりつけ、ようやく自家製クレーンが完成した。田舎暮らしは近所付き合いが大切だと、改めて気づくクレーン作りだった。

## 荒野に立つ10本の柱

クレーン作りと並行し、娘を背負った嫁さんには土台のボルト締めをやってもらう。基礎の上に敷いただけの土台は、まだまだ動くのだ。こいつを基礎コンクリのアンカーボルトにナットを締め付けて固定する。また、ブルーシートをかけて1年近くも放置した土台。ほぞ穴やボルト穴には怪しい虫の死骸（しがい）がいっぱい。こいつの掃除もお願いする。

下準備も一段落した夕方。師走の日暮れは早い。明日、助っ人たちが来ての建前なのだが、なんだかとても気がはやる。ちょうど、明日からの子守のために、嫁の両親が来てくれていた。

「すんません。暗くなってきてます

いの一番の柱を立てる。ここが本当のスタート地点なのだ!!

が、何本か柱立てるの手伝ってください」

「おお、そりゃ光栄だね。〝いの一番〟だ」

基礎と土台の高さが合わせて約50㎝。これに3mの柱を立てると相当な高さ。北西の角のほぞ穴に、「いの一番（俺の設計では本当はAの1）」の柱を差し込む。グラグラする柱を義父に押さえてもらい、俺は脚立（きゃたつ）の天面に乗って掛矢で叩いた。暮れていく景色の中、脚立の上での作業は相当な恐怖。

「うー、怖いよー」

「気をつけてねー」

おまけに穴を小さめに作ったので、なかなか入らない。これは明日からが思いやられるな……。

沈む夕日に追い立てられながら、必死に立てた柱は西側の10本。夕日に照らされて屹立（きつりつ）するそれらは、ギリシアの丘に建つ神殿のように俺には見えた。たぶん俺にだけだろう。待ちに待った日がやってきたなあ。少ししんみりする、師走の夕暮れだった。

夕陽に照らされて立ち並ぶ10本の柱。どうです、神殿に見えませんか？

## ついに建前が始まる

建前1日目の朝、助っ人のナカヤマとバンチョーがやってきた。奥多摩の古民家リフォーム連載で、散々こき使われた我ら3人が揃えば、柱と梁の組み合わせ作業など、簡単にできるかと思いきや、建前は、想像以上に頭脳労働の部分が多かった。

「おいそっち、早くつなげろよ」

柱2本の間に脚立を立て、重量挙げのような体勢で梁を保持しているナカヤマが急かすが、その正面の梁を担ぎ上げたバンチョーが中途半端なところで、動けずにいる。

「ダメだよ。こっちよりそっちが下だから、まだ入んないよ」

柱はほぞ穴に刺さっているだけなので、気を抜くと簡単に倒れてしまう。すみやかに隣り合った柱同士に梁をのせ、ガッチリと組んでしまいたい。しかし複雑に絡み合う梁は、組み付ける順番が非常に厄介（やっかい）で、順番を間違えると、組み直しになってしまうのだ。

「じゃあサカグチ、早くそっち持ってこいよ!!」

「いやーそれが、どこにあるかわかんなくって」

「なにー？　用意しとけそんなもん！」

おまけに似たような材木のパーツが梁桁と柱を合わせ、全部で120個以上、現場の隅に積み上がっているのだ。その山の中から正解のパーツを探し出さねばならない。

まさにこれは、立体パズル。

しかし西側はわりと柱が密にあり、巨大な梁もないので、比較的順調に進む。そして前半のハイライト、大黒柱の据え付けが始まる。太さ18㎝の巨体を所定の場所にエッチラオッチラと運んだら、男3人で立ち上げるのだが、

「おい、ちょっとこれ、動けないぞ」

柱の根元をほぞ穴にあてがい、先端側を持ち上げて男3人踏ん張ったが、肩の高さまで上げたところで、案の定動けなくなってしまった。

「なんだか、昨日もこんなことしてたな」

「こりゃダメだ。一回置こうよ」

せっかく担ぎ上げた大木を、再び地面に横倒しにする。

「どうするよ、これ？」

「いやあ、困ったね」

## ついに大黒柱が立つ

「何してんだ？　せっかく貸してやったウインチ使わんで」

折よく、嶋田のおっちゃんが様子を見にやってきた。

「三脚クレーンって、縦に立てる柱にも使えるんすか？」

み」

「そんなもん、使い方次第だろ。ロープ貸してみ」

そう言うと嶋田のおっちゃんは、大黒柱の先端にくるっとロープを巻きつけて、手際よく結び目をこしらえ始めた。ロープをカッコよく上手に扱える男に俺もなりたいものである。

「よし、ここにウインチのフックかけろ。あと三脚の位置はこっち。2人は柱の根元を押さえるんだ」

こういうとき、司令塔がいるというのは精神的にもありがたい。おっちゃんの指示のもと、三脚の位置を調整し、男4人がかりで立ち上げの準備を進める。ナカヤマとバンチョーが柱の根元を押さえ、俺とおっちゃんがフックの下側で補助に入り、黄色いコントローラーを嫁に手渡した。ついに三脚クレーンの出番だ。

「よし、ゆっくりとUPのボタンを押すんだ」

「うー怖いなー。押すよー」

三脚クレーンで引っ張られ、じわじわと立ち上がる大黒柱。すごい迫力だ。

おっちゃんの合図で、明らかに腰の引けた嫁が、コントローラーの赤いボタンをこわごわ押す。するとたちまちアメリカ製のモーターがガガガと悲鳴をあげながらも、力強く回転を開始した。太い鋼製の単管パイプはギリギリとしなり、冬の真っ青な空を背景にピンッと張ったワイヤーロープが、たまらない緊張感を漂わせる。皆の視線を一身に受けるなか、杉の巨大大黒柱が、ジワ、ジワ、ジワ、と立ち上がる。

「おいおい、我が家ながら大した迫力ではないか。これは」

## 我が家最厚の梁を渡す

「なんでこんなに梁、太くしたんだよ！」

青い青い冬の爽やかな空の下、ナカヤマの怒鳴り声が響き渡る。我が家のリビングは、屋根まで吹き抜けの大空間になる予定で、その周囲の梁は巨大なものばかりなのだ。

「いやだって、開放的なリビングが良くって」

「細くても大丈夫だって」

いやいやバンチョー、細くても大丈夫ではないのだよ。大黒柱に組み合わせるべく、次に上げるは厚さ36cm、長さ4m弱のベイマツ製巨大梁。地上を男2人で移動させるだけで大変な代物に細いワイヤーの先にあるフックを引っかける。落っこちてこない

助っ人たちの協力のもと、我が家で一番太い梁を三脚クレーンで吊り上げる。

かとヒヤヒヤしながら3ｍの高さまで吊り上げ、横から柱の胴体に串刺しにし、掛矢でひっぱたく。

「おい、そっち叩くと、こっちが抜けるぞ」

「じゃ、せーので同時に叩くしかないか」

「せーの!!」

建前ではチームワークが大切なのだ。そして前半戦、最後の目玉がやってきた。我が家で最厚、厚さ39㎝の梁だ。こいつを横に渡したら、今度は厚さ36㎝の梁を上からのせかけ、その先に台持ち継ぎを刻んだ同じく厚さ36㎝の梁をさらにのせて向こうへ伸ばす。三脚クレーンが縦横無尽（じゅうおうむじん）に活躍しながらの大工事は、なんとか無事終わり、建前の初日は終了。大宴会へと突入し、その夜は爆睡したのであった。

**新たな助っ人**

翌日、建前は2日目に突入。

「こんにちはー。よろしくお願いします!!」

「いやー来ていただいてスンマセン。こちらこそよろしくです」

新たに登場した助っ人は某山岳雑誌の編集者ミヤカワさん。当たり前かどうかは知らないが、山に登ることの多いミヤカワさんは高い場所が大丈夫なので心強い。

男手が4人に増えたなか、どんどん柱を立て、梁をのせていくのだが、そろそろ厳しくなってきたのが、三脚クレーンの取り回し。

「俺が先に動かすからな」

「ダメダメ、そっちが動くと、あっちに倒れる」

「じゃあ、こちらが先ですか？」

それまでも脚1本に人1人がくっついて、一歩一歩と歩かせるように動かしてきた巨大三脚。なんせトップヘビーなので、脚3本が描く三角形のバランスが崩れると、一気に倒れてしまうので注意が必要だ。その上、この頃になると、

「おい、こっちの脚。動かせないぞ」

「こちらも進退窮(きわ)まっている感じですね」

着々と組み上がる柱と梁に、クレーンの

細かい部材も本当に多い。向きを間違えると大変なので慎重な作業が続く。

脚が取り囲まれて、進退窮まることが頻発し始めた。なんといっても6mの鉄パイプだ。どうあがいてもタカアシガニが足を持ち上げるようなわけにはいかない。ひっくり返したり、分解したりしながらの移動に随分時間を取られてしまった。それでも、材料の加工では大きなミスはなく、全体としてはスムーズに進行している。だんだんリズムもできてきて、俺が材木の山からの取り出しと、場所の指定を行い、助っ人チームが、それを設置するという役割分担で進むのだが、ミスが少なすぎて、俺の材木出しが追いつかない。

「おい、早くしろよ」

「ちょっと待ってよ、カンナかけさして」

ずっと積みっぱなしで、カビやシミができた材木に、仕上げのカンナをかけたいのだが、それすらためらう猛スピードで作業は進む。

「そんなのかけなくても、誰も気にしないよ」

いやいやバンチョー、お前が気にならなくても俺が気になるの。頼むからかけさしてちょうだい。そして夕刻。後半戦が無事終了。予定した2日間は、天気予報通りの晴天に恵まれ、最高の建前日和(びより)であった。まさに感無量……。

さて次はどうするか？　すでにクリスマスも近い年の瀬。日は短くなり、山から吹き下ろす風は身を切るほどの冷たさ。今年の作業はここまでだろう。

「次は、棟上げだね。そんときまた呼ぶから」

「気長に待ってるよ。じゃあ良いお年を」

「良いお年をー」

## 天然アイスキューブをかき出す

やっとの思いで終わった建前の第1弾。幾たびも頭の中で組み合わせた通りに、全ての材木は、決まった場所にしっかりと収まった。土台を基礎に据えてから、早1年。最初で最大の難関を、なんとか突破することに成功だ。もちろん工事は、まだ半ばも過ぎてはいない。しかしここで初めて、立体として我が家の骨組みは出現したのだ。

「ここまでくれば、もう大丈夫」。なんの裏付けもない自信だが、この日ついに、俺の心にずっと横たわっていた重しのような不安が、スーッと抜けて行くのを感じたのであった。

「そろそろ、寒いよ。帰ろうよ」

賄いの、お茶やお菓子を片付けた嫁から声をかけられる。

「それにしても、やったねー」

「おー」

すでに薄暗く寒い中、俺はいつまでも、娘を抱えながら骨組みを眺め続けていた。

　このような形で、壮大な大団円を迎えた建築2年目の冬であるが、残念ながら、このままでは完全に雨ざらし。おまけに長瀞の冬は大変な寒さなのだ。そして、どのようになったかと言うと……。年も押し迫った年末ギリギリのある日、長瀞町に雪混じりの氷雨が降った。梁の上、小屋束のほぞ穴に雨水が浸入。その水が凍りついて、立派なアイスキューブを作っていた。

　ここ長瀞は、天然氷のかき氷が名物だが、これもまさに長瀞天然氷。なんとも風流なことだが、そんな悠長なことは言ってられない。ほうっておくと材木を傷めそうなので、冷たい空気の中、脚立に立ってノミで氷をかき出す。これがこの年、最後の作業となった。来年は、どのような作業が待っているのだろうか……。

建前第１弾の成功を記念して写真を１枚。ちなみに真ん中で一番威張ってるのは俺じゃなく助っ人のパンチョー。

# 第4章　屋根という悪夢

2012.1~2012.5

こんな
ちょうしで
ほんとに
おうち
できる？

## 小屋組の材木はどうする？

さあ始まった建築3年目。昨年末の建前工事第1弾で「土台と柱と梁」から作る建物1階部分の骨格はほぼできている。平屋の我が家では2階はないので、この骨格の上にはもう屋根がくる。これから始まる今年最初の作業は、この屋根を支え、形作る骨組み「小屋組」の材木を加工することだ。

具体的には、梁桁の上に立つ小さな柱の「小屋束」、それら束の上に水平にのり屋根の形を作る「母屋（もや）」と、屋根頂上部の「棟木」、そしてそれら小屋組を補強するための「二重梁」。これらを作ることになる。

使用する材料は、小屋束と母屋、棟木は10・5㎝角の杉材。屋根の重量がかかる二重梁には10・5㎝×15㎝角のベイマツ材を使うことにした。

「あれ、サカグチさんとこの現場は4寸（12㎝）角じゃなかったでしたっけ？」

電話の先で、注文書を書く西山材木店の若社長が聞いてきた。材木の太さには、横幅と縦の高さ「成」がある。「成」はその場所に必要な強度に合わせて太さを変えるが、横幅は家全体で一定のまま工事するのがセオリーである。

「いや、いいんすよ。小屋組で変えることにしたんで」

「ほうほう。じゃあ近いうちに届けますんで」

我が家の場合、今までは基本の幅

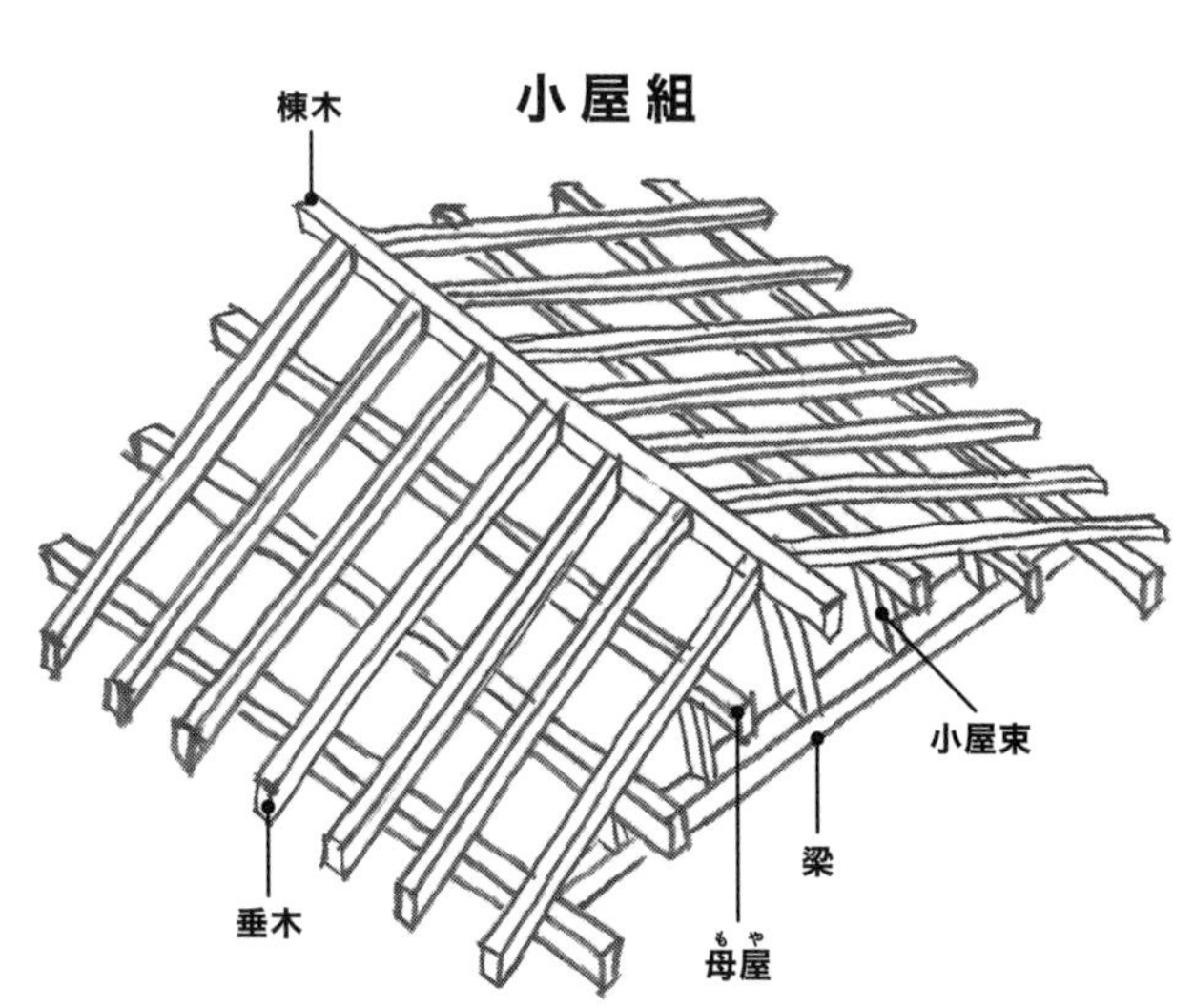

が12cmのものを使用していたので、今回は少し細くしたことになる。

「なんで細くしたの？」

娘と遊んでいると思っていた嫁が、耳聡(みみざと)く鋭い質問を投げかける。

「ん？　いや軽い方がいいかなーとか……」

「ケチったんでしょ!?」

はいその通り。自転車操業で、ここまでの材木の費用にカツカツだった俺は、少しでも安く上げるために、今までよりも細い材料に変更したのであった。もっとも、最近の一般住宅の柱や梁の基本の幅は10・5cmが主流なので強度に問題があるわけではない。

ではなぜ今まで12cmにこだわってきたかというと、やはり作業効率が良いからだ。12cmの材木の加工なら様々な計算が容易なのだ。例えば材木の中心までの距離は「12cmの半分で6cm」とわかりやすい。そこを基準に切断する線を引いたり、真ん中まで切れ込みを入れたりするときにもとても易しい。それから一番大事なのは見栄えが良いこと。太い材木はそれだけで美しくカッコいいのだ。

「じゃ、ケチらないでよ」

「仕方ないじゃん。お金ないんだもん」

そう、ない袖は振れないのだ。それに上の方だから、あまり見えないからね。だがこの変更は、正直失敗だった。途中で材木の基本の太さが変わるといろいろと面倒が多いことが後日判明する。後のことだが、金物(かなもの)の取り付けや、下の壁と上の壁の境目の処理など、つまらない手間が増えて大変だった。しかしこの頃の俺は、まだそんなことは知らない。

今回使用する材木は、住宅建築業界で最も多く流通している種類のものなので、西山材木店からの納品も素早かった。トラックから降ろされる盛り上がるような材木の山にも、もはや動揺などしはしない。そして、より複雑な梁桁の加工を終えた俺の腕はすこぶる上がっていた。そんな俺にはチョチョイのチョイ。正月明けの、寒い寒い作業場でシモヤケと闘いながら、ひたすらノミと丸ノコを振り回し、次の建前に向けて作業を進めたのだった。

## 棟上げと高所恐怖症

そして「建前第1弾」から2カ月後の2月。いよいよ建前の第2弾「棟上げ」に突入する。クレーン車が現場にやってくるプロの建築工事なら「建前」と「棟上げ」はイコールで、土台の敷き詰めから、柱を林立させ、梁桁を渡して、束、母屋(もや)ときて、家のてっぺんにのる「棟木」の設置まで2日程度で終わらせてしまうのが通常のことだろう。

しかし素人が手作業で進めるセルフビルドではそうはいかないのだ。さて念願の「棟上げ」に向けて、まずは「建前の第2弾その1」を行おうと思う。

「おう、頑張ってやろやないか」

東京からはるばる電車を乗り継ぎやってきてくれた今回の助っ人は「山岳カメラマン」のオカノくん。俺とは写真学校時代からの付き合いだ。関西弁バリバリの兵庫出身の彼は、大量の機材を担いで山々を渡り歩くパワフルな男。おまけに崖からロープでぶら下がっての撮影も平気でこなすので、地上3・5m、幅12cmの梁の上に「小屋組」を組み立てる今回の作業には、まさにぴったりの助っ人であった。

対する俺は、そんな高所の平均台のような梁の上なんて、まともに立つことができるわけない。ましてやそこで作業をするなんて……。

「で、何からするねん?」

「あの上に、これを組んでくのよ」

寒い中、必死に刻んだ小屋束と二重梁をオカノくんに指し示す。今回の作業目標は、

不安定な梁の上で大きな材木を持っても、オカノくんは余裕の笑顔。

この数十本の小屋束を梁の上に全部立て、二重梁をその上にのせること。しかし問題は作業現場の高さである。

「でも怖くて、組み立て現場に近づけないんだよ」

「あーええよ、俺が上でやるから。サカグチくんは下で指示してや」

オカノくんが頼もしく言ってくれるが、さすがにそれではカッコ悪い。そこで目についたのが、将来屋根板の下地になる予定の「野地板」の山。たまたま安い在庫が西山材木店に大量にあったので事前購入しておいたものだ。

「こいつを持ち上げて、空中ウッドデッキを作れないかな?」

「ほんま、しょうないなー」

当然、上空で板を敷き詰めて、仮設の

オカノくんが敷いてくれた板の上でへっぴり腰で立つ俺。カッコ悪い。

野地板の束を運び上げるオカノくん。さすが山岳カメラマン、パワフルだ!

ウッドデッキを作るのはオカノくん。優しい彼は苦笑しながらも、みるみる大量の板を持ち上げて、ひょいひょいと梁と桁の上を渡り、足場の板を敷き詰めてくれた。そこへ俺がおっかなびっくり這い上がる。

「ああ、そこにも隙間あるから、板をお願い」

「こんなとこ、落ちへんて」

いやいや、そんなことはわからない。隙間を少しでも埋めてもらえるように、いろいろと指示を出すのだが、本当にカッコ悪いったらありゃしない。

空中ウッドデッキができたら、束を上げて立てていき、二重梁と組み合わせる。この辺りの作業は、以前やった柱と梁の組み合わせと同じで慣れたもの。俺2割、オカノくん8割の働きで「第2弾その1」は、2日間かけなんとか終了した。

## 先延ばししていた垂木(たるき)彫り

オカノくんが帰った翌日からは、俺と嫁さんで「棟上げ」に向けての最終準備。棟上げは、オカノくんが組んでくれた小屋束と二重梁の上に、母屋(もや)と棟木を設置すれば完成なのだが、その前にちょっとした面倒な作業が残っていた。母屋に施す「垂木彫り」である。

垂木とは母屋と母屋の間へ直交するように渡し、屋根の三角形を作る下地となるものだが、当然屋根の形通り斜めに渡すことになる。そうすると母屋と接する部分に、ノコギリとノミで斜めの切れ込みを彫り入れなければならない。それが、なんとも面倒なので先延ばしにしていたのだ。

「先延ばしはわかるけど、なんで組み上げ前日まで、ホットクの!!」

誠にごもっともな指摘である。

「ダメでしょ!!」

2歳の誕生日を迎えたばかりの娘は最近よく喋(しゃべ)るのだが、すぐに母親の真似をする。

「ごめんなさい……」

とりあえず謝るほかない。ちなみに我が家の垂木は全部で32本。「母屋＋棟木の左右」で接触面は11カ所だから、32×11イコール352カ所の斜め彫りが必要になる計算だ。本当に面倒だ。

ほったらかしだった垂木彫りの作業を進める嫁さんと娘。

……面倒なので、

「任せた」

「えーーー」

垂木彫りで、一番大変だったのは、すでに組んでしまった北側の桁の部分。我が家の設計では、屋根の一番低くなる北側は、桁が母屋を兼ねることになっている。その桁への垂木彫りも、面倒なので後回しにしていたのだが、

「だからって、そのまま柱の上に組んで、どうすんのよ!!」

「ダメでしょ!!」

いや本当に大失敗だった。当然、上に上がってやるしかない。くどいようだが地上3・5m。しかも建物の際なので、高度感はものすごい。嫁さん、頑張りました……俺、カッコ悪い……。

## ついに上棟(じょうとう)する

いよいよ「建前第2弾のその2　棟上げ」だ。待ちに待った「棟上げ」の日がやってきた。この日は、再びナカヤマとバンチョーが来てくれて、建築作業が始まった。

「すごいな。工事現場で足の踏み場がないとはよく言うが、ここは踏み場だらけじゃん」

山岳カメラマンが敷いてくれた「仮設空中ウッドデッキ」の板、板、板。彼が帰宅した後も、俺は高所への怖さの一念で、板の追加に追加をやり続け、今では梁と桁の上は全面、隙間もほとんどない状態になっている。

「こんなことしているから、作業がなかなか進まないいんじゃないの？」

「お前らも怖いんだろ。ありがたく思ってよね」

「もうこれ、このまま天井にしちゃえば？」

いやいや、それはないよバンチョー。さて、すでに束と二重梁は組み上がっているので、それを手すりにしつつ、空中での作業が始まる。

「要するに、この上に母屋の材木をのせていくだけでしょ」

この頃になると、俺の施した仕口の精度はかなり上がっており、継手も気持ち良いほどスムーズに入る。刻むのは大変時間と手間がかかっているのだが、組み上げるのはあっという間で、ホイホイと進んで、感慨に浸る暇もない。そしてついに「棟木」の登場だ。

我が家の一番上に横たわる「棟木」は全部で4本の材木でできている。助っ人の2人も気を利かせてくれたのか、それともただ疲れただけなのか、横に退き、最後の4本は俺が据え付けた。と言っても、やることは母屋と変わらない。全ての仕口は全てスルッと入り、めでたく我が家の「棟上げ」が完成だ。

「おー、めでたいね。写真撮ってやるから、その上に立てよ」

「こ、この上にか？」

「そうそう、掛矢持ってね」

　棟木の上にへっぴり腰で立ち上がり、大掛矢を持って記念撮影。その後、大黒柱に記念のサインをみんなで入れた。

「上棟　平成24年2月11日　阪口克　立合・人　中山茂大（しげお）　和田義弥（よしひろ）」

　雑誌作りのプロが3人も揃っていて、なぜ「立会人」の字を間違えたのに誰も気がつかなかったのか？　まあそれも、ご愛嬌。そんなことも気にならない、最高に嬉しい日となった。

## 屋根工事に突入

記念すべき棟上げの翌日。このままでは

ついに棟上げ完成だ。相変わらずへっぴり腰だが、だいぶ慣れてきたかな。

右下に注目。「立会人」が「立合人」に……。これも思い出と、そのままにしてあります。

まだ小屋組は、横方向にはぐらぐらなので、早く垂木で固定する必要がある。感慨に浸る間もなく、すぐさま屋根工事に突入だ。

「この作業で大切なのは垂木と母屋を、ネジでしっかりと緊結すること」

「なんでよ?」

「屋根は風の影響を受けやすいの」

「それで?」

「だ、か、ら、台風のとき、屋根が飛んでったら困るでしょ!!」

「大丈夫だよー、心配性だなー」

大丈夫じゃないのだよバンチョー。巨大な屋根は、ほとんどこのネジだけで家本体とつながっている。このネジ留めが甘いと、本当に台風のときに屋根が飛んでいってしまうかもしれないのだ!!

「ホント心配性だね」

しかし垂木の上からネジ打ちをするには、場所によっては梁桁のさらに一段上に上ることになり、非常な恐怖。まるで空中のジャングルジムのようだ。

「おいおい、なんか揺れるぞ、この家」

しかも金物がまだ入っていない骨組みだから、仮設ウッドデッキの上で人が動けば結構揺れる。もちろん、この程度で倒壊とまではいかないだろうが、心中やはりたまったものではない。

「しっかしこの垂木、太すぎだろ。ネジが打ちづらくってしょうがないぞ」

不機嫌そうにナカヤマがぼやく。ネジの頭を潰して、ご機嫌斜めのご様子だ。

「あのね〝家〟は外気に対して断熱を行うのよ」

「おー、突然だな。知ってるよそんなこと」

でなければ当然、冬に寒く夏に暑い家になる。我が家の上方向の断熱は屋根直下、垂木の間で行う計画なのだ。専門用語で言うところの「屋根断熱」というもの。この断熱を実現するために、垂木と垂木の間に、発泡スチロールか何かの断熱材を挟む予定なのだが、そうすると垂木は結構な厚みが必要になる。どのくらいの厚みが必要かと

俺とナカヤマ、バンチョーの３人で屋根工事は続く。かなり高所に慣れてきたようだ。

いうと、ずばり9㎝。

「それで、この太さになってるのさ」

「全くめんどーな家だな」

垂木の材料は頑丈なベイマツで、こいつが太いだけでなく、重い上に硬いのだ。しかも前述の通り、しっかりネジで留めないと、台風で屋根が吹っ飛ぶ原因となる。空中での不安定な体勢のネジ打ちは厳しいの一言だ。へっぴり腰で踏ん張りながらの、電動ドリルとインパクトドライバーの二刀流で、下穴を開けてはネジを打つ。下から見れば無様だろうが、気分だけはバシバシと留めていたつもりだ。

一段落し、下へと下りる。見上げると建物の上、抜けるような青空をバックに、木目鮮やかな垂木がズラッと一列に並んでいた。非常に美しい。

「欲張りすぎて、デカイ家にしてしまったのは後悔だな」

とにかく屋根が広いのだ。補強のネジを打っても打っても終わらない。だいぶ慣れてきた高所だが、単調な作業に漫然と動いていると、たまにお尻がヒュッとすることになる。安全第一を心がけたい。

## 「薪ストーブの幻」を追いかけて

屋根の中ほどまで作業が進むと、そこに薪ストーブの煙突が通る予定の場所がある。

「そんなの、いつになったら使えるの？」

「だからって、今なんとかしとかないと、あとで困るだろ」

「暖かい薪ストーブと、そこから伸びる煙突」。確かに気の遠くなるほど先の話だが、今穴を開けておかなければ、後で困るのは自分なのだ。

「本で調べたところによると、50㎝四方の枠を作っておくようにだってさ」

そこで垂木の端材を使用して額縁風の枠を作り、垂木と垂木の間に設置するのだが、これがなかなか難しい。寒い寒い秩父の2月。高所の作業では、吹きすさぶ冬の風から逃げることもできない。かじかむ手をすり合わせて見上げると、遠く山の向こうから、黒くて冷たそうな雪雲が近づいてきていた。

「さみーなー」

「家ができたらさ、このくらいの季節ならストーブの前で晩酌だな」

「スルメを焼いて、日本酒の熱燗か？」

「なんか違うな。そこはブランデーだろガウン着て」

「あーなんか、シーソーみたいな椅子に座ってな」

アホな会話をしながら作業は続く。「俺は本当にこの真下で、炎を見ながら酒を飲むのだろうか……？」

まだ正確な姿さえも見えない「薪ストーブの幻」を追いかけつつの作業だった。

## モフモフで断熱

さあ、屋根作りもいよいよ佳境に入っていく。垂木の上に屋根の本体となる野地板を張っていくのだが、我が家の場合は屋根で断熱をすることになる。そこで断熱材を仕入れたいと思う。

とは言ったものの、断熱材などというものを買ったことはない。大きなホームセンターに行けば、袋入りのグラスウールくらいは売っている。予算も苦しいしこれを使いたいところではあるが、垂木と垂木の間に入れる「屋根断熱」では、袋入りでへニャへニャなグラスウールは、垂れ下がってきそうで使う気にならない。

困ったときのインターネット。いろいろ調べてみるとボードタイプが良いらしいことがわかる。しかしボードタイプは高いのだ。屋根というのは面積がすごく広い。これ全てに敷き詰めるとなると大変な数の断熱材が必要だ。そこで少しでも安い製品はないかと、必死に探し、フリースのような素材の断熱材「パーフェクトバリア」を発見。即決でポチッと購入ボタンをクリックしていた。

1週間ほどした頃に、配達の連絡が入ったので、嫁と娘と3人で現場に受け取りに行く。

「なんだか思ってたより、はるかに大きいな」

担ぎ降ろすのに苦戦している運ちゃんを手伝うのだが、ひとつひとつの梱包(こんぽう)が大きめの冷蔵庫2個分ぐらいの、とんでもない大きさだ。ただし、材質は分厚いフリース風で非常に軽い。早速、娘がおもちゃにしだす。

「わー、モフモフー」

まあほとんど空気なのだろう。この空気で断熱するわけだ。とりあえず1梱包、垂木の上に担ぎ上げ、はめてみる。スポンジのように弾力があるので、垂木の間に突っ張る感じで詰め込むのだ。真っ白くてフワフワした感触は、それだけで暖かそうだ。冬の寒気と、夏の強い日差しを跳ね返すため、頑張っていただきたい。ちなみに後日、作業場に行くと、積み上げられたパーフェクトバリアの上は、近所の野良猫どもの寝床となっていた。

ところでパーフェクトバリアの厚みは6㎝を選択した。苦労して組み上げた垂木の厚さは9㎝。眼光鋭く嫁のチェックが入る。

「またケチったの?」

いやいや、さすがに今後数十年の暮らしの快適性に影響する断熱材。ここでケチっ

モフモフなパーフェクトバリアの山。

たわけではない。垂木の下面にパーフェクトバリアの裏側を合わせると、上側に3cmの隙間ができることに注目してほしい。

「エヘン。ここが我が家の屋根設計の重要ポイントなのだよ」

　断熱材のすぐ上が防水性のある屋根では、内気温と外気温の差で発生する結露が、壁や屋根の中に溜まってしまう。冬の窓によく発生するアレだ。これが見えない壁の内側で発生すると、構造の木にカビや腐食ができて傷んでしまう。そこで通気層を設けて湿気を逃がす必要があるのだ。今回、俺が作ったこの3cmの隙間には将来、軒先から新鮮な空気が通り抜け、屋根最上部の換気口から湿気を伴って抜けていく予定なのである。また、屋根表面と断熱材の間に通気層を設けることで、夏の熱が室内へ伝わ

パーフェクトバリアを垂木と垂木の間に詰め込んでいく。

りにくくする効果も期待できる。
「あくまで、うまく機能すればだけどね」
「……」

## エア工具、カッコいい

断熱材が入ったら、屋根板を張っていく。現在、我が国日本では、屋根板の材料は構造用合板が一般的だ。構造用合板は、薄い木の板を木目を互い違いに接着剤で貼り付けたもので、縦横どちら方向にも強度が高く、木造建築に非常に使いやすい。畳1枚分の大きさで1000円くらいと安いのも魅力的だ。

だがしかし、この合板にも弱点がある。一番は水濡れに弱いこと。健康と環境への影響から、製造時に使用される接着剤は水性のものが使われている。少々の水なら問題はないだろうが、長時間、水に当たり続けると最悪、層が崩れて剥がれてしまうのだ。プロの現場なら、水濡れの心配もそれほどではないが、我が家の場合は深刻だ。張り始めから、全部の板を張り終え、その上に防水シートを敷き詰める工事が終わるまで、おそらく1~2カ月はかかるだろう。その間に雨が降らないはずがない。折しも季節は春へと移り変わりつつあった。季節の変わり目は、雨がよく降るのだ。

もうひとつセルフビルダー目線から見た、構造用合板の弱点は、重くてかさばること。畳1枚分、持てない大きさや重さではないが、取り回しは意外と難しい。こいつを背負って、ハシゴを伝い、屋根の上まで担ぎ上げ、骨組みだけの足場を通り抜けて目的地まで運ぶのは非常に億劫だ。そこで構造用合板はやめて、昔ながらの野地板を使うことにした。

ここで登場するのが、棟上げのときに「山岳カメラマン」が敷き詰めてくれた、仮足場の板である。早速、脚立を使って梁の上から、1枚1枚、踏まれ続けた板を回収していく。在庫品でとても安く購入できた「野地板」だが、足場に屋根板にと大活躍だ。建築用の板もいろいろあるが、「野地板」は一番安い部類に入る。大抵は杉でできていて、ひび割れや節抜けも多いが、とにかく安くて、軽くて、どこでも売っている。

屋根工事の定石は、何でも下側から張っていくことらしい。そこで軒先から工事を始める。相変わらず屋根の上はジャングルジム状態。軒先から身を乗り出すように張るのはかなり勇気がいる。四苦八苦しながら作業を続けていたら、

「おー、苦労してんな。そんなこったろと思って、これ持ってきたぞ」

アパート隣の嶋田のおっちゃんが、エアコンプレッサーと釘打ち機を持って遊びに来てくれた。

「へーこれがエア工具ですか。テレビとかで見たことあるけど」

圧縮空気で釘を打ち出すエア工具。俺の記憶では、映画『リーサル・ウェポン2』でメル・ギブソンが犯人に向けてぶっ放していた。

「あの映画は数十年前だろ。今は安全装置がついてるから、人に向けて発射はできんよ」

さすがはアメリカ暮らしの長かった嶋田のおっちゃん。ハリウッド映画にも詳しいようだ。それにしてもエア工具はすごい。大工仕事の現場では、職人さんのメインアイテムになっているらしいとは知っていたが、人差し指をクイッとするだけで、長めの釘がすぱすぱ打てる。

「これは便利っすねー」

「そうだろ。特に高所なんかの不安定な現場では楽だよ」

ネジによくある打ち損じがないので、仕事のスピードが速い速い。この工事で、すっかりエア工具好きになった俺は、このあとエアコンプレッサーを始め、各種釘打ち機の収集に乗り出すのだが、それはまた後の話……。

## 3万円で1軒分の足場!?

黙々と板を張ること数日。ある程度の面積を張り終えたところから、一気に屋根の上が快適になった。なんせ広大な屋根、そこに斜めとはいえ、広い床ができるのだ。ホイホイ進んで気分も良い。ただ相変わらず、ハシゴの上り下りが大変なことに変わりはない。おまけに、うちの家は平屋だが、南側に屋根の中心がよっていて、北側よりも南側の軒は格段に高くなっているのだ。どのくらい高いかというと、地上から4m以上となる。この場所の軒先工事はとても気が重い。

「これくらいの大きさの現場なら、そろそろ足場を組んだ方がいいんじゃないか」

ここのところ、ちょくちょく現場に遊びに来てくれる嶋田のおっちゃんである。

「いや俺も、この先の雨樋（あまどい）や壁の工事を思うと、足場が欲しいと思いますけどね」

単管パイプの工事用足場は、いろいろな工事現場でおなじみのアレだ。その資材はホームセンターでも売られていて、1個1個は大した値段ではない。しかし家1軒分をカバーする、大きな足場を組もうとすると話は変わってくる。

「さすがに足場だけで数十万円はかけられないんすよ」

「ふん。しかし落っこちて、怪我したら何にもならんだろ。ちょっと待ってろ」

そう言うと嶋田のおっちゃんは、どこかに電話をかけ始めた。

「ふんふん、わかった……。おい、3マンなら出せるか？」

「3万円っすか？　そりゃ出せますけど、そんなんじゃーちょっとしか買えないでしょ」

# お世話になった工具　その２

### エア釘打ち機

エアコンプレッサーとコンビで使う。打ち込む釘の種類によって、タイプがいろいろと分かれている。ワンアクションで釘がポンポン打ち込まれていくスピードは何物にも代えがたい。

### エアコンプレッサー

プロの大工さん必須の重要工具。これがないと各種エア工具は使えない。値段は高めだが、それに見合うだけの作業スピードを与えてくれる。

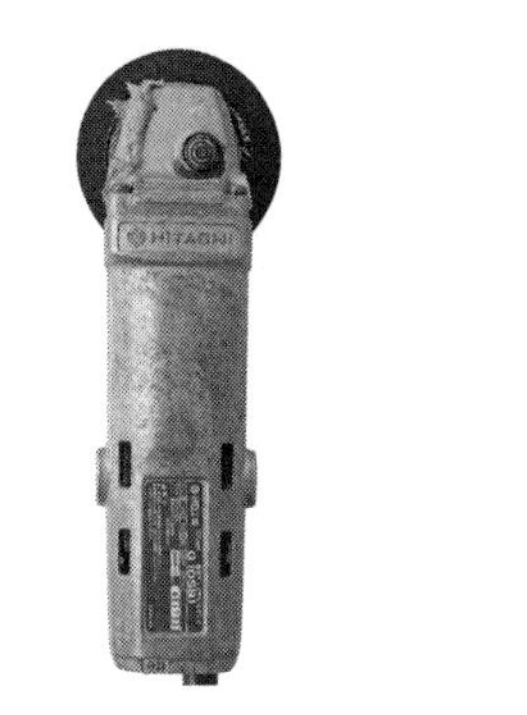


## ディスクグラインダー

高速回転するディスクを交換することで、様々な材料の切断や研磨が可能な万能工具。その汎用性はかなり高いので、日曜大工でも出番は多い。音が大きく火花も飛ぶので結構怖い。

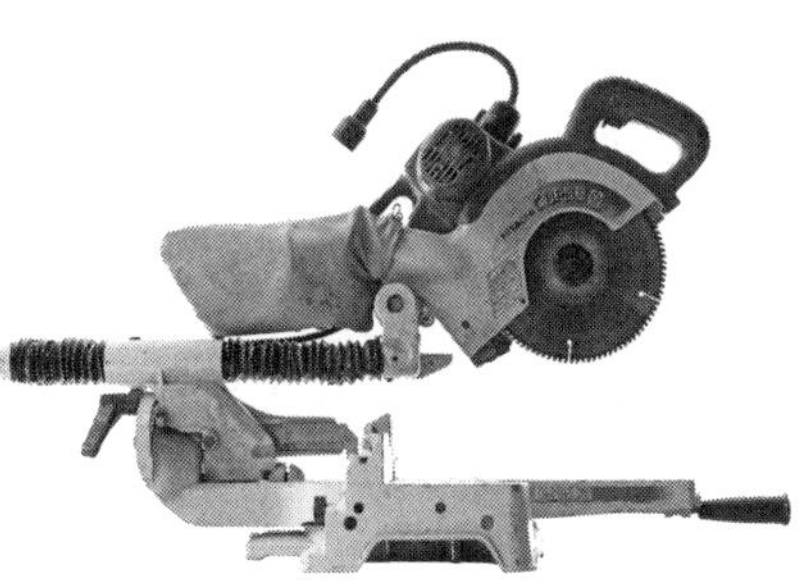

## 卓上丸ノコ

材木を正確な長さと角度で切断することができる電動工具。同じ長さの材料を揃えたいときなどに重宝し、内装工事では通常の丸ノコより出番が多かった。

## 角ノミ

材木に四角い穴を開けるためだけに存在する電動工具。汎用性は全くないが、素人のノミさばきでは不可能なスピードと正確さで仕口の加工が可能となる。

「ちょっとじゃない、建築現場1軒分!!」

「!!」

石材屋に生まれた嶋田のおっちゃんは建築系の大学を出ていて、その学生時代の友人には建設関係の仕事に就いている人が多いらしい。この友人の1人で工務店経営の大山さんから、使っていない中古品を格安で譲ってもらえることになったのだった。

「それにしてもパイプと金物が大量セットで3万円は安すぎでしょ」

「ふふふ、感謝しろよ」

どうやら自宅のセルフビルドを考える人が持つべきものは「山岳カメラマンの友人」と「建築系大学出身の隣人」のようである。

**やってきた巨大足場**

数日後、巨大トラックでどかっと搬入された足場資材。ペンキやモルタルで汚れてはいるものの、実際の使用には何の問題もなさそうだ。さっそくナカヤマを呼んで組み立てを開始する。

「すごいな、これで3万かよ」

なんだかんだで建築に携(たずさ)わって、俺たち人力社ももう数年が経つ。パッと見ただけで建築関係資材の実勢価格は、だいたい見当がつくようになってきた。

「それにしても、思ってたより難しいもんだな」

4ｍの鉄パイプは軽くはないが、大の男なら横に持つ分には難しいことは何もない。ところがそれを縦にすると、途端に不安定になり保持するだけでも大変になってしまう。

「おい、早くネジを締めろ。早くだ早く!!」

文字通り大の字に立って、右手と左手に1本ずつ鉄パイプを保持するナカヤマが叫ぶのだが、そう簡単にはネジを締めるわけにはいかないのだ。

「ダメダメ、右手のが左に傾いてる。あと左のは後ろだ」

「ナニー⁇　右が左で、どっちだって？」

鉄パイプに磁石で貼り付けた水準器の気泡は、ちょっとした動きで、目盛りの中を右に左にすぐ動く。

「ちょっとくらい大丈夫だ。早く締めろ！」

腕力が限界のナカヤマが急き立てるが、この鉄パイプは足場の柱となる重要なもの。垂直を十分に気をつけながら組み立てを行わないと、倒壊の恐れもあり、とんでもなく危険なのだ。

「ダメだよちゃんとやらないと。ほら右手のを左に傾け……あれ逆か？」

「あー、もー」

もうひとつ注意すべきなのが、建物と足場の距離である。足場が遠すぎては、作業時に手が届かないのは当たり前だが、これが近すぎると、自分の体が邪魔で、これまた作業ができなくなるのだ。これが素人にはなかなかわからない。

「おいこれ、足場に立つと手を動かすスペースがないぞ」

「バックしたらいいじゃん」

「バックしたら、落ちるだろーが」

「ああ」

いざ作って上ってみると、すぐ目の前が壁で手を伸ばすこともできない。頭の上には屋根の裏がきていて、何かするたびに垂木に頭をぶつけ、振り向くだけで壁に衝突。あっという間に足場板から転げ落ちそうになるのであった。

「このままじゃ、仕事にならないな……」

「ま、さ、か、作り直しか（怒）」

なんだかんだで丸2日。ようやく作業に適した足場が、しっかり完成した。これに適切な角度でハシゴを固定すれば、工具や資材を持っての上り下りも安全となる。手すりのついた作業スペースのおかげで、建物上部の横移動も容易になり、作業効率と

無事に組み上がった足場の上で喜びのポーズ。

安全性は格段に良くなった。

「やっぱり良い仕事をするには、作業空間の整備は重要だな」

俺と同じく高所恐怖症のナカヤマも、ご満悦のようである。さて下準備もできたところで、屋根工事もいよいよ後半戦がスタートだ。

## 悪夢の始まり

思いがけず始まった足場の組み立てで中断していた屋根工事。次に行うのは、アスファルトルーフィング貼りである。屋根の最終仕上げとなる表面には、瓦(かわら)やコロニアルなど、防水性と耐候性のある頑丈な板状のものが貼られるが、実は屋根防水の主役はその裏にあるのだ。そしてその主役となるのが、屋根板の上に貼られる防水紙である。現在、高性能なものが多く売られているが、最も安くてスタンダードなのが、厚手の紙にアスファルトを染み込ませたアスファルトルーフィング。早速21m巻きのロールを数本、西山材木店に発注した。

数日後、西山さんのトラックでアスファルトルーフィングが現場に届く。

「こいつは紙とはいえ、なかなかの重さだから、気をつけて扱ってね」

「なんだかサランラップのロールみたいですね」

「ほうほうほう」

　肩に担いでハシゴを上り、1本を屋根上まで持ち上げるのもなかなか大変だ。おまけにロール状なので、斜めの屋根ではよく転がる。一度転がり始めたら、元に戻すのは至難の業だ。しっかりと確保し、屋根工事の定石(じょうせき)を守って軒先から貼っていく。

「じゃあ、ゆっくり転がしながら、バックしてってってよ」

「端っこで落っこちそうで怖いんですが」

　嫁がロールを転がすと、屋根板の上に濃いグリーンの防水紙が広がっていく。留め付けにはタッカーというホッチキスの化け物みたいな工具を使うのだが、エア工具に目覚めた俺は、近所のコメリでエアタッカーを購入していた。

　このピストルのような形の工具は、圧縮空気の力で巨大なホッチキスの針を、銃口から打ち出す。通常のタッカーは手作業で針を打ち込むため、足の長い針を1本1本、板に突き刺すのはかなり骨が折れる作業だが、エアタッカーならスピードよく打ち込める。

「やあ、パスッパスッパスッと気持ちがいいな」

「うわっ、わわわ！」

　調子よく作業をしていると、嫁の悲鳴が聞こえた。

「ちょっとー！　端まできたら教えてよね。落っこちるところだったじゃない」

　我が家の屋根は端から端まで、およそ13m。そこまできたら、カッターナイフで切り離し、1列が終了する。後はこれの繰り返しなのだが、ゴワゴワと硬い質感で破れやすいアスファルトルーフィングは、長い距離に貼り付けるには、とても注意が必要だ。ちょっとでも気を抜くと、シワがよったり裂けたりする。

嫁さんと2日がかりで、屋根全体を覆うことに成功するが、結構なシワやヨレができていた。これが後々の悲劇の原因になるのだが、この時点ではまだ気づいていない。季節は進み春も中頃。風の強い季節であった。

前兆はもちろんあった。地上で作業中、

「ねえ、今なんか上でボファァって音がしなかった？」

「ええ？」

慌ててハシゴを駆け上がると、タッカーの針が抜けて、アスファルトルーフィングのグリーンが風にたなびいている。

「どわー、大変だ。タッカー持ってきてタッカー！」

なんとかそれを押さえつけ、嫁が持ってきたタッカーで留め直す、なんてことを繰り返すこと、ここ数日間で数回……。そしてある暴風が吹き荒れた夜が明け、朝一番に現場に行ってみると、数十メートル先の隣家の庭や畑に墜落（ついらく）したルーフィングの姿があった。

「あ、あ、あー……」

## またしても散乱する残骸

足場に取り付けたハシゴをドタドタと駆け上る。そこで俺が見たものは、緑一色のはずの屋根表面に、防水紙が引きちぎられ野地板の薄桃色の地肌がむき出しとなった、生々しく痛々しい無数の傷跡だった。

屋根全体の3割くらいはやられただろうか。泣く泣く、剥がれ飛んだ塊を回収するが、裂けて傷だらけの防水紙では「防水」などできるはずもなく、もはやそれらはただの燃えるゴミにしかならない。

21m巻きが1本3500円。これを3本追加発注し、もう一度貼り直す。観察してみると、風はやはりたるみの下から入り、紙が持ち上げられるようにして波打っている。

「タッカーの針はかなり密に打った方が良さそうね」

「ケチってる場合じゃないもんな」

長い紙を広げたときにできる、シワやたるみを綺麗に伸ばし、これでもかとタッカーの針を打ち付ける。そうやって前回よりもはるかに丁寧に施工し、

「よーし、これでもうさすがに大丈夫だろー」

となったところで、さらに駄目押しに、そこらに落ちていたありったけの材木の切れ端を担ぎ上げ、重しとして屋根の上に並べておいた。ここまですれば大丈夫だと信

じたい。信じたいのだが……、

「ホントに、大丈夫かな？」

不安そうに嫁がつぶやいたその日の夜、再び関東地方を巨大な低気圧が襲い、猛烈な突風が吹き荒れた。この夜の嵐は、地域によってはより深刻な被害も出ておりニュースにもなった。

翌朝、明るくなるのを待ち構え、とるものもとりあえず現場に急行。ある程度の覚悟はしていたつもりだったが、

「ウゥ……」

車から降りると、絶望のあまり座り込んでしまった。あたり一面、特徴的な緑色の紙の残骸が無残に破れ散乱している。数を数える気にもならないが、破れた面積が前回を大きく上回ることは、一目見てわかった。

金銭的にももちろんつらいのだが、それ以上に、今までの労力と時間が一瞬で飛び散ることで、気持ちの踏ん張りが一気に萎えてしまった。

しかし座り込んでいても、何も解決しない。ここで踏ん張らないと、飛ばずに残った防水紙が無駄になる。そしてもう

板が見えてるところが防水紙の剥がれたところ。

ひとつ、厳しい現実が待っている。そう、梅雨が迫っているのだ。昨年の師走に始まった建前以降、5カ月以上も雨ざらしの我が家の骨組み。比較的に雨の少ない冬が終わり、春の小雨もくぐり抜け、そしてもうすぐ5月が終わる。ここで梅雨に入ってしまえば、濡れた足元で危険な屋根工事はさらに遅れ、今まで雨ざらしの骨組みが、さらに水浸しとなってしまうのだ。ここは根性で3回目のアスファルトルーフィング貼りに突入しなければならない。

## 3度目の正直にしたい

「3度目の挑戦だねー」

「俺もさすがに、自分がバカではないと信じたい」

「ええ、そう願ってますよ」

ここまでの経験を踏まえると、施工の丁寧さだけではカバーできないことくらい想像がつく。要はスピードだ。アスファルトルーフィング貼りを終えたら、間髪を容れず、その上に屋根材を張るのだ。もちろん多少の運も必要だろう。

「〝人事を尽くして天命を待つ〟というやつだ」

「とと、頑張れー!」

そこでルーフィング貼り直しの準備と並行して、屋根材の選定も進めた。屋根の仕上げ材もいろいろあって、メリットもそれぞれだ。瓦は長期的な耐久性で有利だが、価格が非常に高い上に、素人には施工が難しい。安さと簡単さならトタンの波板が良いけれど、さすがにちょっとカッコ悪いしなぁ。どうしたものかといろいろ調べていると、「アスファルトシングル」というものを見つけた。

セルフビルド業界というものがあるのかどうか知らないが、自分で家を建てている人の中では使用率がとても高い。どのようなものかというと、名前の通りアスファルトルーフィングと同じで、アスファルトで防水するようだが、ベースは紙ではなくガラス繊維（せんい）を編んだものを使っている。似たような建材にコロニアルがあるが、アスファルトシングルの方が軽い上に施工が簡単そうなところが良い。ガラス繊維という素材の特質から、ある程度の弾力性と柔らかさがあり、これが素人建築の現場では非常に助かるのだ。

「どういうこと？」

「要するに、俺では〝まっすぐ〟とか〝真っ平ら〟って難しいでしょ」

「まあそうよね」

そうなのだ、素人の工事では、屋根に限らず、床でも壁でもどこでもそうなのだが、プロの仕事のように、きっちりとした精度で仕上げることが難しい。

「そういった場所に〝固くてキッチリ〟した建材を無理に入れると」

「バキッ？」

「そうそう」

工業製品の硬質な建材を、素人仕事の変形気味の現場に、無理に形を合わせようとすると、ヒビが入ったり、割れたりしてしまう。

「でも柔軟性のある素材なら、なんとかしならせたりして入るでしょ」

「なんか情けない理由だけど、なるほどねー」

さらに良いことにアスファルトシングルは、全屋根材の中でも、1坪あたりの単価が非常に安い部類に入るのだ。

「なんか結局、値段で決まってない？」

「そんなに、いじめないで今は……」

「と一と、がんばれ!!」

早速、西山材木店に発注に行く。ついでにアスファルトルーフィング3本を追加購入。全てを察した若社長のお悔やみの言葉を聞きつつ、次こそはの決意を新たにする俺であった。

## 立っているものは親でも使え

さてここからは、スピード勝負。ここで意外な助っ人が、新幹線とローカル列車を乗り継ぎ現れる。

「ハルちゃん、じーじが遊びに来たでー」

「わー、じーじあっそぼー」

悲嘆に暮れている息子を哀れに思ったのかどうかは定かではないが、俺の実父マサルが奈良の田舎から、はるばるやってきたのであった。

「男手が増えるのは、まことにありがたい」

「お、なんや？　俺は子守を手伝いに来ただけやで？」

古希を目前にした父である。足腰は大丈夫だろうかと、息子としては心配になる。が、そこはそれ、大変急ぐ事情が多々ある俺なのだ。

「いやちょっと、屋根の上で釘打つ程度だから」

「なんやてー、屋根なんか上ったことないで」

「じーじ、がんばって!!」

ということで、さっさと屋根に上ってもらう。

やることとは前回までと変わりなし。ごわごわのアスファルトルーフィングを可能な限り平坦に伸ばしタッカーの針を打ち付ける。何事も2人で作業をするとスピードは速い。

「屋根の上は、斜めやさかい足腰疲れるのー」

「すんませんねー、無理させて」

さあこれでスタートラインまで戻ってこられた。ここで感慨にふけることなどせず、さっと片付けを終わらせ、間髪を容れずにアスファルトシングル貼りに移行する。

「この板に、接着剤を塗って貼り付けて、上から釘4本で打ち付けてね」

「おう、思てたより簡単やな、わかったで」

説明書を読みつつの作業説明だが、それほど難しい手順ではない。しかし、この専用接着剤「シングルセメント」は、真っ黒でネバネバで、手やら服やらがあっという間に真っ黒に汚れる、なかなかタチが悪いやつだ。おまけに電動工具のネジ打ちと、エア釘打ち機に慣れた身に、釘をトンカチでトントン叩くのはなかなか骨が折れる作業だ。当たり前だが屋根の上の足場は斜めで、踏ん張る足腰に

屋根の上での作業はくれぐれも慎重に。頼むぞ、マサル！

も響く。

しかしのんびりやっているわけにはいかない。はやる気持ちを抑えつつ、作業が続く屋根の仕上げ工事。

## 荷揚げ問題をどうする？

「しかし屋根の仕上げ材っちゅうんは、えらいたくさん重なり合ってるんやな」

「ほんまにねー」

雨の浸入を防ぐためだろう、上下に隣り合うアスファルトシングルを重ね合わせる面積たるや、材料の半分以上なのだ。せっかく1列を貼り終えて、たくさん進んだと思ったのに、次の列は前回の真ん中より下から貼らなければならない。これは結構がっかりする。もちろん雨漏りは困るのだけれどね。

ただし、苦労しながらも徐々に完成していく屋根は、今までと違って風が吹いてもなびかない。その安心感と達成感は悪くない。

ところで俺が選んだアスファルトシングル「ロアーニⅡ」は、数ある屋根材の中でも、大変軽い材料ということになっている。土でできた瓦はもちろんのこと、コロニアルなんかと比べても随分と軽く、1枚あたり1・2kg。しかし地上から屋根に持ち上げるのに1枚ずつでは気が遠くなる。「ロアーニⅡ」の1梱包は18枚入り。つまり

1回につき約20kgだ。こいつが全部で80梱包も積まれている。

なんとか担いでハシゴを上り、足場上の親父に手渡そうとするが、

「受け取ったー?」

「まだや、お前横着せんと、もう1段上がらんかい」

「いや、もう、無理」

渡す相手は、くどいようだが還暦を過ぎて古希目前。不安定な足場の上で、そう無理な体勢では受け取れないが、こっちはこっちで20kgを背負ってのハシゴ移動。疲れてくると、上まで行くのが億劫になる。半日ほどそれで頑張ったのだが、命の危険と無駄な作業時間を感じて、ない知恵を絞ることにした。

そしてできたのが、簡易クレーン。南側に組み立てた足場の単管パイプの柱を1本、屋根よりも高い6mのものに取り替え、その先端に足場板用の受け材を装着。その出っ張りに滑車のついたフックを固定した。次に柱の足元には、以前の棟上げ時に大活躍した電動ウインチを固定しワイヤーを滑車に引っかけると、簡易クレーンの完成

地上で簡易クレーンを操作する嫁さん。

だ。ワイヤーケーブルの先にはロープをくくりつけ、余った板で荷台も作った。

「おー、お前これ大正解やで」

ご機嫌な親父の言う通り、屋根材の荷揚げ作業は、この工作で格段の進歩を遂げ、迅速な屋根工事を進めるための、一翼を担ってくれた。

## シングルか？ ダブルか？

屋根の仕上げ作業である、アスファルトシングル貼りにも慣れてきたところで、足元の注意が必要だ。なぜなら我が家の屋根の中ほどには、50㎝四方の落とし穴が開いている。久しぶりに登場の「煙突の穴」だ。これをこのまま塞いでしまうわけにはいかない。ではどうするのか？ そう、やっとこいつに煙突をつけるときがやってきたのだ。

ところで、薪ストーブの煙突の直径は、100、120、150の3種類があるらしい。さらにこの世には普通のシングル煙突と、断熱二重煙突なるものがあるということがわかる。

「そんなん、とりあえずデカイ方に合わせておけば、ええんちゃうん？」

「ま、それしかないよね」

ということで、煙突直径は150にあっさりと決定する。直径変換アダプターなるものも売っているようだし、大きな問題はないだろう。

次の問題は、シングル煙突か二重煙突かということになるのだが、これが思いの外の大問題。なぜなら断熱二重煙突なるものは、とんでもなく高価なのだ。カタログを見てひっくり返る。そのお値段、1mで2万〜4万円。当然1mでは話にならない。平屋の我が家とはいえ、床の上に置いたストーブの天面から、屋根の上まで伸ばせば5mはゆうに超えるであろう。単純計算で筒だけで10万円以上必要になるのだが、これが安い普通のシングル煙突の場合だと、5mがたったの1万円以下で買えてしまうのだ。

「ほんなら普通の煙突でええんちゃうん?」

いやいや、話はそう単純ではない。まずは何と言っても安全性。薪ストーブを使用しての火災事故原因で最も多いのが、ストーブの中で燃えている炎そのものではなく、長年にわたりストーブや煙突からの熱にさらされることによって、付近の木材が炭化し起こる低温発火らしい。

「特に危ないのが、天井裏の煙突周辺らしいのよ」

「天井板の裏は見えへんからなー。そら燃え出すまでわからへんわ」

その点、金属製の筒が二重になっていて、その間に不燃性の断熱材が入った二重煙突は、表面に伝わる熱量が低いため、天井裏の材木が炭化し発火する心配が非常に少ないのだ。

そして、もうひとつのメリットは、煙突の中の煙が冷えにくいこと。煙突というのは熱い煙が上へ上へと向かう力を一点に集中させることで、力強く排煙し、同時にストーブの吸入口から新鮮な空気をスムーズに吸い込み、安定した燃焼を続ける仕組みなのだ。

「おう、熱い空気は上に行くゆうて、学校で教えてたわ」

元小学校教諭の親父も納得の理論である。そしてこの煙突内部が外気の影響で冷えてしまうと、煙の上昇する力も弱くなり、途中でススが溜まったり、吸入が弱くなって燃焼が不完全になったりするというわけだ。

「これは、二重煙突の勝ちやなー。孫にもしものことあったら、かなわんで」

「でも高いのよねー」

「なさけないやっちゃな、金貸したろか」

「それより新築祝いに、ストーブ買ってよ」

「アホかお前、そんなもん煙突より高いんちゃうんか」

その後も、うじうじと煙突のカタログを見ながら悩んでいたのだが、

なんとか仮設置ができた煙突。しばらくこのままだ。

「火事の心配しながら、薪ストーブなんか使いたくない」

という嫁の一言で、あっさり二重煙突の導入が決定した。翌日、近くのストーブ屋で、とりあえず1m分を買ってきて設置する。

煙突工事はこれでひとまずおしまい。後は家ができてからにしよう。まだストーブも決まっていないからね。煙突の筒のてっぺんの穴にはスーパーの袋をかぶせておいた。

煙突が完成すれば、あとはアスファルトシングルを上まで貼り上げるだけだ。俺が煙突関係で手間取っている数日間、嫁と親父で反対側の斜面を進めておいてくれた。残る煙突より上手の部分の貼り付けを3人がかりで推し進め、ようやくのことで棟まで到着。

「苦節3カ月、長かった屋根作りが終わりました」

またまた感無量である。プロなら屋根の下地からここまでを1週間程度で仕上げるという。それがここまで3カ月。その間、雨ざらしだった我が家の骨組みも、これでようやくひと安心だ。

「ギリギリ、梅雨入り前だったね。次は秋の台風前に、壁工事を終わらせてよ」

「いやー、それは難しいんじゃない？」

しかしこの時点での俺の想像は、これでもまだまだ甘かった。ついに始まる外壁工事だが、ここから先、作業は遅々としてほとんど進まない。梅雨が過ぎ、夏が来て、葉が色づき、大晦日を越えても進まない。だが、そんな話はまだまだ先のこと。今は長く、本当に長く、そして苦しかった、我が家の屋根の完成を祝いたいと思う。

屋根のてっぺん付近でアスファルトシングルを施工。ようやく長かった屋根工事が終わる。

# 第5章　壁工事のち迷走

2012.6〜2012.9

ネコ車でコンクリを運ぶ俺。

バランスをとるのが難しい。

## いよいよ壁工事

長かった高所作業も終わり、いよいよ壁の工事に入る。

「壁工事っていうけど、まず何から始まるのよ？」

例によって参考書を引っ張り出し、難しい顔で悩んでいる俺に嫁が聞いてくる。セルフビルドは、何を始めるにも、勉強からスタートなのだ。

「まずは耐震補強かな。それが書いてあるのがこの本だよ」

建築現場の工具置き場に建築当初から置いてある、クタクタにくたびれた赤い表紙の本を嫁に手渡す。

「フラット35仕様書？　これって、住宅ローンの？」

住宅金融支援機構から、フラット35で住宅の購入資金を借りるとき、購入する住宅が、基準を満たしているか証明する必要がある。そしてその基準を書いた仕様書が、この本なのである。つまり、そこに書いてある通りに作れば、「借金の担保になる程度の普通の家」ができるということだ。

そんなフラット35仕様書を改めて見てみると、使用する耐震金物についても、非常に詳しい記述がある。Zマークという目印がポイントの木造建築に使う金物は、種類も非常に豊富だ。その中から仕様書のイラストを参考に、我が家に必要なものをセレクトし、アパートのパソコンから、建築資材のインターネット通販大手「ホームメイキング」で購入する。

「それにしても1個1個は大した値段でないけどさー。家1軒分となると、結構な金額だよね」

「そこケチって、後で家が倒れたら大変でしょ！」

「はい、その通りです」

必要な材料も揃ったところで、助っ人のナカヤマとバンチョーを呼び出して、一気に取り付け作業を進めることにしよう。

「おーなんだか難しそうだな」

「こんなの、付けなくても大丈夫だよー。相変わらず心配性だなー」

いやいやバンチョー、お前は何も言わずに手伝え……。

「やっぱり、ボルトで引き締めるとカチッとするな」

「今まで、押すと揺れてたからなー」

金物なしでは甘かった、俺の刻んだ継手同士。これらが、互いにしっかりと接合し、とても気持ちよく安心感が出てきた。

数ある金物の中で、変わり種が「ヒネリ金物」。これが結構面倒そうだ。この金物は屋根の下地である「垂木」と建物本体の軒桁（のきげた）を緊結する金物。しかしその取り付けは、当然恐ろしい高所での作業になる上、数も多く非常に手間がかかる。

「こんなの、いらないって」

独特な形状の金物をヒラヒラ振りながら、バンチョーがおなじみのセリフをつぶやく。

「ダメなの!!」

ヒネリ金物は、台風などの吹き上げで屋根が飛ばされることを防ぐもので、非常に重要だと解説書にも書いてある。

「めんどくせーなー」

「こんなの入れなくても、屋根なんて飛ばないって」

「飛んだらどうすんだよ」

「ホント、心配性ねー」

2人をなだめすかしつつ、脚立の上り下りを繰り返す。なんといっても、もし屋根が飛ばされたら、我が家は崩壊。その上、隣の家にでも突っ込んだら、土下座では済まないだろう。ここは真面目にやってもらうしかない……。


金物でしっかりと補強された、我が家の骨組み。次はここに壁の下地となる「間柱（まばしら）」と耐震の要となる「筋交い（すじかい）」を入れていく。

まずは間柱。これは、壁の中に入る細長い材木で構造体としての役割は大きくないが、壁板を張るときの下地となる重要なもの。この間柱を差し込む穴は、事前に梁の下面に彫ってあるので、あとは西山材木店で買ってきた材木の上側を、凸型に加工し所定の長さに切断しはめ込むだけ。入れる間隔は当然45・5㎝。これは半間（91㎝）の1／2の長さ。本当に日本で家を建てるなら、この数字からは逃れられない。

加工した間柱を、それぞれの場所に入れたら、上下をネジ打ちし固定したいところだが、ここはしばし我慢。なぜならいくつかの間柱は、このあと一度、抜くことになるからだ。これに気づくのに時間がかかった……。

## 筋交いくん1号、大活躍！

なぜ間柱を抜かなければならなかったのか？　そう、その場所に「筋交い」が入るからだ。日本で家を建てる場合、地震や台風などで、建物が変形したり倒壊したりするのを防ぐため要所要所に、四辺が歪まないようガッチリと補強された「耐力壁」というものを作る必要がある。この「耐力壁」を建物のどこに作るかは、全体のバランスを見つつ配置するのだ。

筋交いの材料は、これまたスタンダードに45×90㎜角のベイマツ。ベイマツは梁にも使ったが、曲げに強くとても硬い木だ。その硬さゆえに加工はしづらく、ささくれが出やすくて、指にトゲが刺さる手強い材木なのだ。これを壁に斜めに入れて、つっかい棒的に使うのが筋交いだが、この作製がまたまた面倒。壁の中に斜めに入れるので、その上下両端を矢印のように切り欠かねばならない。そしてもちろん、その角度はなかなか合ってくれない。

どうしたもんかと思っていると、今回またまた助っ人で来てくれることになっていた「山雑誌コンビ」のミヤカワさんとオカノくんが到着した。

「今回は、何すんねん？」

「この木を壁の中につっかい棒のように入れてほしいのよ」

「先っちょを、尖らせる角度が難しそうですね」

「とりあえず、2人に任せるよ」

「おう、任せとき〜」

　2人に面倒そうな作業を押し付けた俺は、残っていた間柱の作製に集中する。間柱が終わっていない壁には、筋交いも入れられないのだ。黙々と仕事を進める俺の向こうで、しばらくは悪戦苦闘しているように思えた2人だが、ある時点を境にどんどんペースを上げ、こっちが追われるようになる。

「なんだなんだ！　なんでそんなに早くできるのよ？」

「ふふふ、これやでこれ！」

「んん？　何これ？」

「その名も『筋交いくん1号』です!!」

頼もしい味方の「山雑誌コンビ」オカノくん（左）とミヤカワさん（右）。

2人の傑作発明品「筋交いくん1号」。それは2枚重ねにした細長い材木の両端に、間柱の切れっ端をネジ1本で装着したもの。2枚重ねなので、上下にスライドして伸縮することができるこいつを、筋交いが入る場所に入れて伸ばし突っ張ると、切れっ端が壁の角に当たって回転しフィットする。これで筋交いに必要な材木の長さと角度が測定できるという優れものなのだ。あとは「筋交いくん1号」で測った形を、そのまま材料に写し取って切断すれば、そのまま壁にはめ込める筋交いが完成する。

「おーー、これはすごい！」

「今夜のビールは、ぎょーさん用意してもらわんとなー」

「今日中に全部終わらしちゃいますよ」

この画期的な発明のおかげで、筋交いの作製は、予定をはるかに上回る急ピッチで進む。

筋交いの本体ができれば、あとは壁の中に固定していくだけなのだが、ここで邪魔

家の角にある重要部分に筋交いを入れる山雑誌コンビの2人。

になってくるのが、先に入れていた間柱。もちろん、同じ空間に入るわけがないので、どちらかに切り欠きを入れないと、交差できないのは当然なのだ。では、どちらを切り欠くかというと、地震のときに突っ張る「筋交い」を切るのはまずいというわけで、必然的に「間柱」の方を切ることになってくる。

　すでに立っている間柱の、筋交いに干渉する場所だけ斜めに欠き取るのは、骨の折れる作業だ。丸ノコをアクロバティックに「空中斜め切り」で使用しながら、頑張るのだが、危ない上にイマイチ綺麗に切断できない。あれこれ悩む

**筋交いくん１号**

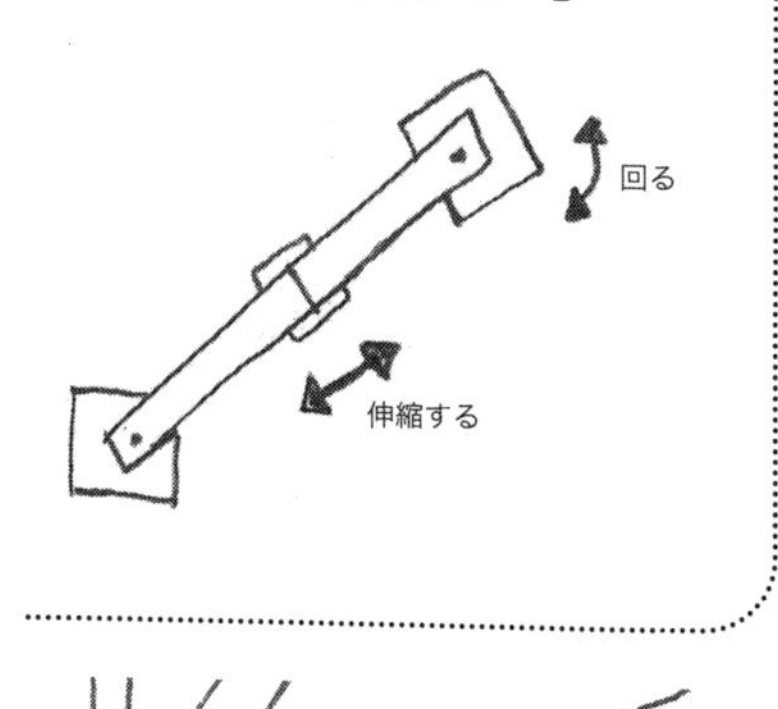


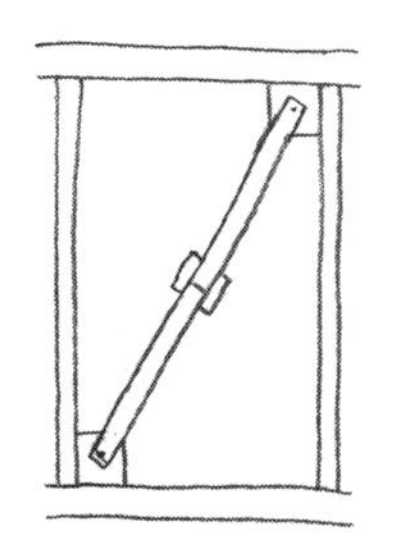
骨組に筋交いくん１号をピタッと合わせる

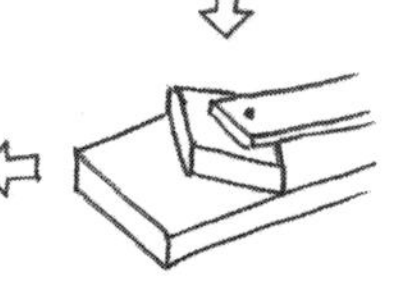
この角度で木材を切る

きっちりハマって筋交い完成

が、結論は初めから出ている。

「サカグチさん。ここは急がば回れでいきましょうよ」

あまりの俺の手こずりに、見かねたミヤカワさんが声をかけてくる。

「ぐ、やっぱりそう思う？」

「昔の人の言うことは、だいたい間違いないですよ」

「はい」

ここは観念し、一度間柱を外すこととしよう。筋交いをあてがい、通り道に印をつけた後、壁内から外して切断作業をすることにした。

「やっぱ、早いやん。こっちの方が」

「手間を惜しんでは良い仕事はできないわけですね」

「ごもっともです」

**何かがおかしい**

全ての筋交いが入れば、両端を筋交い金物で固定。間柱も上下をネジで留めて、壁下地の完成だ。ここまで「山雑誌コンビ」の奮闘で、一気に進んだ壁の下地作りだが、ここでハタと止まってしまう。

「何かがおかしい？」

この直感、セルフビルドの工事現場では大切なのだ。

「なになに、何がおかしいの？」

打ち忘れの間柱のネジを留めていた嫁が、作業の手を止め聞いてくる。

「うーん、何だろ」

「ちょっとー、やめてよー」

不安は募る。しかしここで見切り発車をしてしまうのは非常に危険だ。この後の作業を頭の中でシミュレートする。

「次の作業は防水紙。その次に胴縁（どうぶち）を打って、その外に外壁の板……あー、わかった」

「なになに？　全部、やり直しなの？」

「違う。窓だ窓。窓入れなきゃ」

「へ、窓？　もう入れるの？　窓を」

そうズバリ窓だったのである。俺たちは窓の取り付けなんて、ずうーっと先のことだと思っていた。いざとなったら、住み始める直前でもいいだろうというぐらいに。しかし、壁の下地をこのまま作り進め、外壁の板まで張ってしまうと、

「ここで入れておかないと、窓枠が入らないわ」

「そうなの？」

そこでいろいろ調べると、窓枠周りの防水は壁の内側で行うことがわかってきた。つまり窓の一部は外壁の中に埋まる形に施工するらしい。慌てて取り出した専門書の断面図にもそのように描かれている。

「こりゃ、急いで窓を買ってこなきゃならないな」

「それで、どうするのよ？」

「うーん、どうしよっか？　まずはカタログでも見てみる？」

ということで、遅まきながら代表的なメーカー数社のウェブページをインターネットで探し、そこから窓のカタログを取り寄せることにした。

数日後、アパートの郵便受けにドカドカッと各社のカタログが届く。

「それにしても、窓っていってもいろいろあるね」

「ハイ！　結露しない窓を希望します」

「木製や樹脂のサッシは高いのよね……」

例によって窓サッシの種類にもいろいろある。外気に直接触れる窓ガラスとサッシは、外の温度変化を室内へダイレクトに伝えるため、ここ最近の建築の世界では「壁の断熱性能よりも重要」だとする意見も多い。そして窓といえば問題になるのが、冬の結露。我が家の安アパートの窓も、冬の時期には大変な結露が発生し、朝なんかは畳やカーテンがびしょびしょになってしまう。

　夏の熱気や冬の冷気も困るが、結露に悩まされない窓が欲しいという嫁の希望はよくわかる。そしてこれを避けるために有効なのが、熱伝導率の低い「木」や「樹脂」で作った「木製サッシ・樹脂サッシ」と、窓のガラスを二重にする「ペアガラス」なのだが、前者はとても高価で、予算の乏しい我が家での採用は難しい。

「ここは、通常のアルミサッシで勘弁してください」

「はー、そうだと思ってたよ。せめてガラスはペアガラス使ってね」

「はい」

　窓の断熱性能の重要性がクローズアップされる昨今、ペアガラスの利用はかなり一般的となってきているようで、お値段もだいぶこなれてきている。これなら俺のお財布でもなんとかなりそうか。俺だって快適に暮らしたい気持ちは変わらない。

## 窓を〝あいみつ〟する

「それで、どこで買おうか？」

　窓屋さんに知り合いはいない。ひとまず、いつもの西山材木店の若社長と、電気工事店を営む伯父に相談すると、双方が付き合いのあるガラス店を紹介してくれた。

「おー、これはもしかして噂に聞く〝あいみつ〟ですか？」

「ちょっと興奮するね」

さて今回の「あいみつ」。購入する窓サッシの数は全部で13点。見積もりを依頼したお店の取扱メーカーは、片方がトステム（現リクシル）、もう一方がＹＫＫ　ＡＰ。奇しくも日本の窓サッシ業界を代表する二大メーカーの対決となった。各社、工夫を凝らした新商品の開発でしのぎを削っているが、

「お、最終の見積もり届きましたよ」

「見よう見よう‼」

「ミルミル」

ここまで何回かのやり取りの末、より良い条件を提示してくれたのは、西山さん紹介のＹＫＫ　ＡＰを扱うお店だった。

「伯父さんとガラス屋さんには申し訳ないねー」

「ま、しょうがないよー」

そんなわけで、我が家の窓はＹＫＫ　ＡＰで決定。最初の見積もりより10万円近く下がった計算になるから、だいぶ頑張ってもらえたようだ。

発注をかければ、すぐに届くということなので、慌てて窓を取り付ける木枠の作製に入る。ガラス屋さんからもらった、ＹＫＫ　ＡＰの技術仕様書に載っている図面を

参考に作るのだが、今までの大雑把な木工の図面とは大きく違い、工業製品である窓サッシの図面は非常に複雑で、出てくる数字も細かい。この図面を読み解くことにかなり苦労した。

「なんか1㎜よりも、小さい数字が出てくるんですが……」

「開け閉めに支障が出るのは、絶対ダメだからね」

「頑張ります」

なんとか読み解いた図面を頼りに、結構な手間暇をかけ、各壁に窓の木枠を設置していく。その取り付け作業中、嫁がふと手を止めた。

「ねえ、見てみなよ」

「ん？」

「今、木枠の中に見えているこの景色」

窓をはめる木枠から向こうが見える。何でもない景色だけど大切な思い出だ。

「なになに？　とととかか、なにみてるの？」

「これって、引っ越してから窓越しに見る風景と同じなんだよ」

「おーーー」

「おおおおおー」

木枠の向こうには、見慣れたお隣さん家が見えている。でもそれはなんだか、今までとは全く違う景色に見えてきた。いまだ想像もできない完成後の生活。引越しなんて随分先のことだろう。でも窓枠のこちら側、新しい暮らしの景色がチラッと見えたような気がして、なんだか、とても嬉しい気持ちになった。


**壁作り、迷走す……**


全ての窓をはめる木枠が完成した梅雨の終わりのある日、大きなトラック2台が我が家の窓サッシを積んでやってきた。毎度のこと、どの材料でもそうだが、家1軒分というのは大したボリュームになるもので、自分のやっていることに圧倒されてしまう。

早速、割れ物注意のシールが貼られた梱包（こんぽう）を解いてみると、プチプチの緩衝（かんしょう）材に厳重に包まれて、見慣れた窓サッシが入っていた。

まずは簡単そうな小さな窓を選び、はめてみる。

「おー、すごく柔らかいんだな」

　手に取ったサッシの枠は思っていた以上に華奢で軽く、変な力を入れるとへにゃっと歪んでしまいそうだ。しかし窓枠の工作を頑張った甲斐があったのか、枠の取り付けに問題はなく、窓はカラカラッと気分良く開け閉めができ、気分は上々だ。

　さて、通常の窓はこれで良いとして、窓にはもうひとつ「掃き出し窓」というものがある。リビングによくある人の出入りできる大きな窓だ。

　我が家の場合も、南面の壁の3カ所に掃き出し窓を付ける予定になっているのだが、これがとんでもなく巨大で、持ち上げることさえ難しい。もちろんどのように窓枠を作り、その中にサッシを設置するか、考え方は通常の窓と同じだが。

「でも、ややこしい所があるのよ」

「床の所？」

　そうなのだ。掃き出し窓の下側にあるレールの部分は、床と接する場所にある。

「レールの部分が床よりあまりに高いと」

「外に出るとき、跨ぐの大変ね」

「それにホウキでゴミを……」

「掃き出せない」

　ではということで、レール部分を床よりも下にすると、

「レールにゴミとか湿気がたまって、掃除しづらそう」

「要するに、床の高さと合わせなきゃいけないのね」

「じゃあ、そうしてよ」

「そうなんだけどね……」

「何が問題なの？」

「決まってないのよ」

「何が？」

「床の高さ」

「……」


そう我が家ではこの時点で、床がどの高さになるのか決まっていなかったのだ。まいったか。俺はまいった……。

当然、普通の工務店による工事ならば、建築図面ができ工事がスタートした段階で、床だろうが窓だろうが、全ての「数字」は

初めて入れた窓からこんにちは！　スムーズに窓が動いたときは本当に感動しました。

決定しているのだろう。しかし、素人が手探りで本やネットをさまよいながら、工事を進めるセルフビルドでは、ひとつひとつの「作業」が始まるまで、何にも決まっていないのだ。俺にとっては窓と同じく、床のことも、ずーっと先の話だと思っていた。

さて、どうしたものか。

「床の高さを出すには、床下の骨組みを決めなければならない」

「また床の高さを出すには、使用する床板の厚さも決めなければならない」

「さらに床板の厚さを出すには、床の下張りを何にするかも決めなければならない」

どうしたらよいのだ俺は……。

困ってばかりいてもセルフビルドの工事は誰も進めてはくれない。ここはひとまず、床の作り方を調べ直すことから始めるしかない。そういえば確か俺は、外壁を作っていたはずなのだが？　いったい我が家の工事は、どこまでさまよってしまうのだろうか？？？

## 俺、進退窮まる

我が家の場合、基礎コンクリートの上に12㎝角の「土台」がのっている。これが床はもちろん、木造建築部分の一番下になるわけだ。通常の床の骨組みは、この土台の間に「大引(おおびき)」が入り、その上に「根太(ねだ)」がのって、さらに「床下張り板」、表面の

「床板」の順で床はできている。頭で計算してもわかりづらいので、絵を描きながら積算してみた。

まず「土台」と「大引」を描き、その上に「根太」をのせる。次に上に来るのは「下張り板」だが、「床板」を3㎝以上の厚い無垢材にするならば、「下張り板をなし」にすることも可能。

「いいわね。無垢の木の分厚い床なんて、ステキ」

いやいや、厚手の無垢材を使った床板は、当然ながら結構なお値段。

「そんなの、俺が買うと思う？」

「思ってません。言ってみただけです」

となると「床板」はスタンダードな12㎜厚となり、「下張り板」も12㎜厚の構造用合板となる。これらを足し算すると、

「我が家の床の高さは土台の上面からプラス79㎜で決定」

「へえ、こっから約8㎝ってことね」

土台の上に飛び乗って、背伸びをしてみる嫁さん。そうそれが完成したときに見える我が家の景色だ。空想だけでも、なんだか優しい気持ちになれるのは気のせいだろうか。さて、本題の「掃き出し窓」だ。床表面の高さが決まれば、あとは早い。これに合わせて木枠を組んでいくのは通常の窓と同じだ。ただし、枠自体が巨大なので水

平垂直が狂いやすく注意が必要。

「出入りのたびにイライラするのは嫌ですからね」

なんとか仕様書の求める誤差3㎜以下に抑えて、窓枠とサッシの取り付けは完成する。ここでまたまた問題発生。今度は、窓が入らない。いや、入らないというか持ち上がらない。南面3カ所の窓のうち小さい方の2カ所、計4枚の窓は、嫁と2人で腰を痛めつつもなんとかなったのだが、南側中央、リビングに面する巨大窓がどうにも動かない。

2人で無理して引っ張り出したのが大失敗であった。壊さないようこわごわと横に寝かせて担いできたが、サッシ枠の下端レールに窓を引っかけたところで進退窮まった。このまま、完全に立ててはめ込むことはもちろん、横に倒して引き返すこともできない。

「ダーッ！　どうしたらいいの？」

明らかに狼狽(ろうばい)する嫁。それはそうだろう、このまま落として割れば、損害額は5万円をくだらない。

「なんとか、1人で立ってられるから……」

バンザイの体勢から、窓ガラスに頭をつけてキープをすれば、数分くらいは耐えられる。

「助けを呼ぶ？」

「……早く、頼む」

大急ぎで嫁さんが、裏の原嶋さんへと助けを呼びに行く間、俺は仁王立ちで踏ん張り続ける。しかし長くは持たないだろう。遠くで、嫁の大声が聞こえる。

「早く……して……」

ここまでの4枚の窓ガラス据え付けで、俺の腰と腕の筋肉は疲労困憊。そろそろバンザイの体勢もつらくなってきた。

「おじさん、来てくれたよー」

ようやく嫁が、昼寝中の原嶋さんを叩き起こして戻ってきたようだ。

「おうおう、大変なことになってんなー」

つっかけ履きで畑を突っ切って走ってきた原嶋さんが、俺の背後から巨大窓を持ち上げてくれた。腕にかかる荷重が消え、ホッとひと息をつく。そこから、男2人で窓を縦に持ち替えて、無事、レールにはめ込むことに成功。

「はー、ありがとうございます……」

「あと1枚、あるんだろ」

「いや、それじゃ申し訳ない。今回はこれでいいです」

「変なとこで遠慮すんな。せっかく昼寝から起きたんだ、さっさと入れちまおう」

「すんません」

　ここまで1カ月あまり。外壁工事を中断し急遽始まった窓工事であったが、ようやく無事に窓を入れることができた。さあこれで無事に外壁工事へと戻れるのだろうか。いや。残念ながら我が家の工事は、ここからより一層混迷を深め、糸の切れた凧のように迷走していくこととなる。


**さらなる迷走へ……**


「はー、長かった。やっと壁に戻れるね」

　嫁さんが嬉しそうに窓を開け閉めしながら言うが、そうは問屋が卸さない。

「大物がひとつ残ってるよ」

　俺が大きく口を開けた、西側の壁を指差す。

「あー、玄関か」

　当たり前だが、窓を入れるのと、ドアを入れるのでは、工事方法に大きな違いはない。とりあえず玄関ドア自体は後でもいいが、ドアの入る枠は壁工事の前に入れておかないと、大変まずいことになりそうだ。

「そしたら玄関ポーチも、作んなきゃだよね?」

ここで嫁が、衝撃の一言を発する。

「玄関ポーチ⁉ 何ですか、それは?」

「いやいや、玄関出てすぐに地面じゃおかしいでしょ。ひさしも欲しいし」

何ということか! 考えてもみなかった。そんなものが必要なのか? 当然玄関脇に立つ柱にも、ひさしをくっくける穴など開けてはいない。しかし冷静に想像すれば、玄関を出てすぐの場所には、雨よけのスペースが欲しいに決まっている。

そしてもちろん、ひさしがあるならその下もある。基礎コンクリートを大沢社長に作ってもらったとき、玄関ドア付近だけ、基礎の立ち上がりをなくしてある。そしてその外側は、いまだ土が剥き出しの地面のまま。周りの家を見渡せば、ここにはコンクリートを打って地面から一段高くし、「玄関ポーチ」を作るのが普通だろう。

「あと、玄関の中はこれで完成じゃないんでしょ?」

「へ?」

この時点で玄関を入った室内スペースは、コンクリートが打ちっ放しのベタ基礎のままになっている。

「……これで完成……ではない?」

「そんなわけないでしょ! これじゃ床まで高くてしんどいでしょ」

「確かに……、ちょっときついかな？」

基礎コンクリート表面から「将来の床板」まで、その高低差は60㎝以上。踏み台昇降運動ではあるまいし、これではあまりに高すぎる。この高低差が激しいと、玄関の出入りのときに腰と膝（ひざ）に大きな負担がかかるのだ。

急いでネットで調べると、通常の住宅工事でこの高低差は20〜30㎝くらいが標準。しかしバリアフリー建築が叫ばれる昨今、今後のことも考えれば18㎝以下が望ましいと解説してある。

「バリアフリーはともかく、もうちょっとなんとかしてよ」

「はい、ごもっともです」

「あと玄関なんだから、タイルくらい貼ってよね」

見栄えも考えれば、それも大切か。まあでもタイルを貼るのはいつでもできる。とりあえずは、基礎コンクリートの上にも適当な厚さのコンクリートを重ねて打ち、玄関土間の床面を作らねばならなくなった。そしてどうやら、これらの工事が完成しないことには、玄関ドアの枠作りにも入れないようだ。

1カ月ほど前、俺は外壁を作っていたのである。しかし、その作業は止まったままだ。なぜなら「外壁を作る」の前段階として「窓の設置」が始まったからだ。これが終わって、外壁に戻れると思っていたら、続いて「玄関ドアの設置」が懸案にのぼった……と思っていたら、今度はいきなり「コンクリート打設（だせつ）工事」が必要だなんて……。

## コンクリート工事始まる

いきなり始まったコンクリート工事。我が家の玄関コンクリート打設の現場は大きく分けて2カ所ある。ひとつは玄関外のポーチ部分。そしてもうひとつは玄関内側の土間になる部分だ。

玄関内側の下面には、ベースとなるコンクリート製のベタ基礎が完成している。これの上に、コンクリートを重ねて打つのだが、問題となるのはその高さだ。表面に化粧タイルなどを貼るにしても、今回打つコンクリートの表面の高さがほぼそのまま、内側「玄関土間」と外側「玄関ポーチ」の床の高さとなる。

「低くすると、土の地面からポーチへの上り下りは楽だけど」

「家の床に上がるときの段差がきついよね」

「でもこれを高くすると、床に上がるときは楽だけど」

「ポーチと地面の段差に階段がいるかもね」

さてどうしたものか？　完全に好みの世界である。嫁と2人頭を悩ますが、完全な正解などあるわけない。困ったので、

「そっちで勝手に決めて」

「えー、なんでよ」

「だって俺が決めると、後で文句言うでしょ」

そうこれなら、後で文句を言われる心配はない。

「エッホエッホ」

嫁と娘が2人して、メジャーを片手に何度も仮想の上り下りを繰り返している。

「エッホエッホ、エッホッホ！　たのしいねー」

「うーーん」

小さい娘にとって大きな段差は難しいが、そんなのはあと数年のことだろう。しかし今度は今は元気な俺たちが年を取ってからのことも考えてしまう。結局、悩んだ末に出した答えは、床面とコンクリ土間の高低差33cmと決まったようだ。

では、その高さに合わせて基礎コンクリートの側面にマジックペンで線を引いていく。コンクリート打設のときは、この線までコンクリートを入れればいいわけだ。

内側の高さが決まれば、自動的に外側も決まる。外側のポーチ用コンクリートは、土の上に打設することになるので、その場所に穴を掘ることから始めた。

「はあ、はあ、どれくらいの深さに掘るの？」

「50cm」

「えーーー」

深さは工事内容で大きく変わるのだが、我が家の場合は表面から50㎝とした。これはスタンダードな数字だが、地面を手で掘るというのは結構しんどいもの。慣れないと10㎝掘るのも簡単ではない。よく研いだ剣先スコップで腰を入れて掘り進む。一家総出の穴掘り作業。しかし娘は単なる土遊びで、

「お前は戦力外だな」

「ん？？？」

ポーチの仮想輪郭に沿って、掘り終えたら、そこに割石（わりいし）という子供の拳くらいの石を敷き詰め「タコ突き」で突き固めて地面の下ごしらえは完了。

「わたしも、ドンドンやりたーい」

「持ち上がるわけねーだろ！」

玄関前の地面を掘る嫁さんと娘。結構広く掘る必要があり大変な作業だ。

「とと、ずっるーい」

## コンクリート基礎工事の恨み

次に掘り終わった穴の上に、コンクリートを流し入れる型枠を組むのだが、屋外なのでそこは目印も何もない空間。このままでは高さや角度がわからない。そこでまず、基準となる杭を10本程度、穴の周囲に立てることになる。

「なんか、随分ゆがんで立ってない？」

「俺の腕ではこれが限界です」

要所要所に杭を立てたら、例によってアパート隣の嶋田のおっちゃんが貸してくれたレーザーレベラーで測量する。

「おーカッコイイー！　ビームでてるよ、ビーム！」

「あの人、ホント何でも持ってるね」

室内側１カ所にカメラ用三脚で固定したレーザーレベラー本体を回しながら、レーザーポイントの赤い光点が杭の表面に示す場所に印をつけていく。すると全ての場所の同じ高さがわかるわけだ。この目印を頼りに、室内側のコンクリート床の高さ「床面33㎝下」と同じ位置を割り出し、それらを水糸で結んだ。

空間に目印ができたら、次は型枠作り。過去に何度も奥多摩古民家リフォームでコンクリート工事をしてきたが、いつもコンクリートの圧力で型枠が歪み失敗していた。

「そこで今回は、過去最高の資金を投入して、型枠を作製します」

「ほー、まぁ楽しみにしてますよ」

あれはもう3年近く前のこと。俺が施工することを却下した嫁を見返すためにも、ここは完璧に水平垂直なコンクリート基礎工事の恨み。そう、コンクリートを打設するべく、奮起する。型枠専用の合板と大量のネジを贅沢（ぜいたく）に使用し、各所に補強を施しながら、俺は枠を組んでいく。

それに並行して嫁には、型枠内に鉄線でできた網を入れてもらう。これはコンクリートの補強になる。

「だいぶできてきたけど、これどうやって室内側にコンクリ運ぶの？」

「ありゃりゃ」

確かにこれでは、型枠やら割石やら網やら、障害物が多すぎてコンクリートを積ん

レーザーレベラーを構えて不敵に笑う、アパート隣の嶋田のおっちゃん。

だ一輪車が奥まで通れない。これはいけないと急遽、足場板を使って一本橋陸橋を作製する。

「わー、アスレチックみたい」

「こら、じゃまだ、あっち行ってろ」

3・6mの足場板を3枚使用して作った、カーブが2カ所ある幅30㎝の一本橋。ドロドロしたコンクリート満載の一輪車を押して、ここを通るわけだが、ひっくり返りながらコンクリ沼に突っ込む自分の姿が、脳裏にありありと浮かんだのは、気のせいだと思いたい。

## ミキサー車がやってきた

下準備が終わったら、コンクリートの発注をしよう。今までのコンクリート工事では、手作業でコンクリートを練ってきた。ちなみに我ら人力社のコンクリート作製レシピは、セメント1袋：砂2袋：砂利3袋。これはかなりセメントに対して贅沢な塩梅で、本当はもっと砂と砂利は多くて良い。しかし、これらに水を加えて人力で混ぜ合わせるのは、相当な力仕事。そこで素人判断で、結構少なめに混ぜ合わせていたのだ。それでも今回必要なコンクリートの量は2・5㎥。これはほぼ軽トラの荷台3杯分。ちょっと気が遠くなるほどの分量である。ここは練ってドロドロになったものを購入するとしよう。

大沢建材の社長さん経由で発注し、２日後に配達をお願いする。しかし繰り返すがこの作業は重さとの戦いになる。嫁と２人がかりでは、まず無理だろう。そこで助っ人を呼ぶこととした。今回の助っ人は、おなじみのナカヤマと、東京の空手仲間シラヤ。２人ともかなりパワフルなので、期待したい。

ドドドドド……。朝８時。初夏を迎えた長瀞町の山間に大排気量Ｖ型エンジンの音がこだまする。県道から交差点を曲がり、我が家の前にやってくるハーレーダビッドソン。

「おー来た来た」

スーーー、ドドドッドド……。

「とと、いっちゃったーよー」

「道を間違えちゃったのかしら？」

「いやいや、あーゆー人だから」

「いやー、通り過ぎてしまいましたわ」

早速のボケをかまして、自慢のハーレーダビッドソンＦＸＤＬ１４５０でシラヤが登場。続いて、約束の時間ぴったりに現場へミキサー車が到着した。

ここからは時間との勝負。ミキサー車の中のコンクリートが固まってしまったら、その損害賠償がいくらになるか……考えたくもない。

「シラヤさんて若い頃工事現場にいたんでしょ？」

「ほー、それは心強い」

「まっっっかしときー」

ドンッと、その分厚い胸を叩くシラヤ。その昔、大型重機ロードローラーを運転中、工事中の擁壁をぶっ壊し谷底へ転落したにもかかわらず生還したという不死身の男に、まずはミキサー車からコンクリートを受け取る作法を教わる。

「ここへネコ車を置いて、運ちゃんに『お願いします』って言うんや」

「ふむふむ」

ミキサー車から出ている滑り台のようなシューターの下へ一輪車を置くと、運転手さんがレバーを操作し、適量のコンクリートを流し込んでくれる。

「見栄はらんと、正直に少なめって言うた方がええで」

素人だからとお願いすれば、運転手さんは少し少なめに入れてくれるそうで、これは助かる。次に一輪車のハンドルを持ち上げこれを運ぶのだが、案の定、一本橋がおっかない。

「両腕は突き出さずに、体にくっつけた方がええで」

「はい」

「目線は、先の方なー」

ふらふら運んで、投入場所まで来たら一気に放り込む。一輪車2名、俺とシラヤはこの作業の繰り返し。しかしドンドン腕と太ももが疲れてくる。

「いや、きっついな」

「ひやー、やっぱ運動不足はあかんわー」

特に一本橋の入り口と、その先に2カ所あるカーブで重いハンドルを死守することが難しい。

「どわーあぁ」

「あー、とと、おっこちたー」

案の定、2個目のカーブを曲がりきれずに橋から落っこちる。幸いまだそこは、コンクリートが入っていなかったので、コンクリ沼に頭から突っ込むとまではいかなかったが、それでも惨状だ。

ネコ車でコンクリートを受け取るシラヤ。腕っぷしがとっても強い、頼もしい男だ。

## 言うことをきかないコンクリート

最初はナカヤマとの途中交代も考えていたのだが、時間との勝負のコンクリート工事。そんなことをする余裕はなかった。その頃、ナカヤマと嫁は、室内側の打設現場で、ひたすらコンクリートまみれになりながら、全体をならしている真っ最中なのである。

コンクリート打ちでしんどいのが、このならす作業。単純に表面を平らにすればいいというわけではない。割石や金網の入ったスペースに、隙間なくコンクリートが行き渡るよう、鉄棒を突き刺したり、スコップでグリグリしたりして押し込んでいかなければならないのだ。

全体に均等にコンクリートが行き渡れば、次に上面をならすのだが、次から次へと流し込まれるコンクリートと、足元の沼のようなコンクリートで、身体中コンクリだらけ。

「なんか最初の予定と、全然違うよー‼」

嫁の想像ではすっきりと平らで美しい土間になるはずだったようだが、まあ、デコボコになるよね……。そうこうするうちに俺とシラヤの運搬コンビの仕事はあっという間に終わる。運転手さんにお礼の挨拶をしていると、

「おいサカグチ、こっち、ネジが飛びそうだぞ」

ナカヤマの叫び声が聞こえてきた。

「ぬわーにー⁉」

慌てて駆けつけると、足元の型枠の合板は大きく外に膨らみ、角を留めているネジは、今にも弾け飛んで合板ごとバラバラになりそうだ。

「ぐわー、押し返すぞー」

地面に這いつくばりクラウチングスタートの体勢で、両手で型枠を押すが、残念ながらビクともしない。

「サカグチさん、無理やって、コンクリ何kgあるおもてんの？」

シラヤの言う通り、型枠内のコンクリートの重圧は、人の力でどうこうできるようなものではなさそうだ。

「だからといって、このままでは悲しいだろ！　みんなで押すぞ！」

コンクリに埋もれながら表面をならすナカヤマ。頭が下がります。

「無理や思うけどなー」

「せーの！」

男3人で力の限り押し付けるが、とてもとても押し戻せる感触ではない。

「あーあー、そっち押してると、こっちが外れそうになるよ!!」

「なにーー！」

今度は、嫁の見ている反対側の型枠がピンチらしい。これはもはや限界なのか。

「ここは、これ以上崩壊せんように、補強のつっか棒入れましょ」

シラヤのアドバイスで、型枠の周囲につっか棒を入れていくが、これでは現状維持が精一杯。なんてことだ、これでは相当歪んだ玄関ポーチになるではないか!!


**玄関ポーチを作ってはみたものの……**


厳しい戦いの翌朝、ドキドキしながら現場を見に行くとそこにあったのは、枠のネジは弾け飛び、大きくたわんだ枠板の中、微妙なS字カーブを描いて固まったコンクリート製の玄関ポーチだった。

「……。ま、実用上は問題ないかな」

「ねー、基礎工事やめといてよかったでしょー」

嫁さんの「どうだ参ったか」と言わんばかりの目が悔しい。まあいいさ。これは思い出だよ。毎日ここを通るたび、友人たちと戦った、あの初夏の一日が思い出されるのだ……。

さて玄関ポーチもできたことだし、次はひさしを作ろうじゃないか。

「今回、ひさしを作るのに目論(もくろ)んでたことがあるのよ」

「なに、また余計なことして遅くなるの？」

「うるさいなー。見てビックリするなよ。これだ‼」

「⁉⁉⁉」

俺が取り出したのは、埃(ほこり)をかぶり煤(すす)けた古い材木。しばらく前に、知り合いの大工Mさんが、古民家を解体したときの土産だと言ってくれたものだ。梁に使われていたのだろう、素材は松で両端にはカブト蟻掛けの仕口が施され、全体は見事な曲線を描いて曲がりくねっている。

「これを使ったらね、カッコいい玄関ひさしができるだろ」

「そんなことより、早く家を作ってよ」

ロマンのわからんやつめ。まあいい、棟梁を目指す俺の志をなめてはいけないのだ。まずはサビ落としならぬ汚れ落としから。サンダーとタワシで、この古い材木を綺麗に磨く。

「ねー、手伝ってよ」

「えー、あんたの趣味なんでしょー」

「ごしごし、したいー」

　嫁と娘が汚れ落としをしている間に、俺は玄関ポーチ全体の測量をやり直す。土台になるコンクリートが歪みまくっているので仕方がない。古式ゆかしい「水盛り管」とレーザー水準器を併用し、慎重に測ってみると、案の定ガタガタだ。

「玄関なんだかんね。ちゃんとしてよ！」

　その後、2日もかけてガタガタのポーチに合わせ刻んだ。柱と曲がり梁を、鳥居のように組み合わせて立ち上げる。といきたいところだが、例によって重くて立ち上がらない。

　柱2本に梁と束でできたこの鳥居をどうするか？　いろいろと悩んだ挙句、建前に使用した電動ウインチを玄関内側に入ったところの土台にネジで無理やり固定し、組んだ鳥居をロープで縛り上げて、ウインチのフックを引っかけ、強引に引っ張り上げることにした。

　失敗すれば、家の骨組みに倒れてきた鳥居が突き刺さる。慎重にウインチを巻き上げ、なんとか立ったはいいが、今度は押せば簡単にひっくり返る。2人いれば、とりあえず押さえていてもらえるのだが、1人ではそうはいかない。大急ぎで家本体側から腕木(うでぎ)を渡して、玄関際の柱にボルトでくっつけた。悪戦苦闘数時間。そんなことをやっていると、買い物帰りの嫁が遊びにやってきた。そして、俺の自信作を見上げる。

「どうよ、この優美な曲線。ロマンだろー」

「っていうか、これ低すぎでしょ」

痛いところを突いてくる。ひさし用の柱の側面に開けた、曲がり梁の刺さるほぞ穴は、ポーチ床面から約2mの高さにしてみた。俺が身長178㎝だから、「ま、こんなもんだろ」と深く考えずに決めたのだが、曲がり梁の太さと梁の蛇行(だこう)部分を考えていなかった。完成品を立ち上げ、その下に立ってみると案の定、頭上にかなりの圧迫感を感じるのである。しかし苦労して立ち上げたのだ。もうやり直したくはない。気づかぬふりをしていたのに、気の利かぬやつめ……。

「え、そお？　ちょうどいいと思うけど……」

「……」

「いやー、カッコいいなー……」

「……」

「……わかりましたよ」

ドーーーン!!

ウインチを外し、張り手でぶっ倒しました、はい。

やっと完成した玄関ポーチで娘が水浴び中。

## 玄関ドアは「気分は中世ヨーロッパ」

梅雨に入る頃に始まった外壁作りから、漂流し出して早3カ月。夏はあっという間に終わり、頬に当たる風にもなんとなく秋を感じるようになってしまった。いいかげん玄関にケリをつけたい今日この頃。そう思って窓と一緒に取り寄せた玄関ドアのカタログを眺めてみるが、例によって高いのだ、これが。そのお値段、室内ドアに比べてもゼロが1個違う感じ。しょぼいドアでも10万円近い値段がついている。できれば木製ドアと思うのだが、そうすると数十万円の世界だ。これはまいったなぁ……。

「あのー、提案があるんですが」

「……何？」

明らかに警戒モードの嫁である。

「玄関ドアなんだけどね。俺が作るってのは、どう？」

「開かなくなるんじゃないの？」

ストレートかつ的を射た指摘だ。素人が作った建具で一番問題が多いのは、材木の変形による建て付けの悪さなのだ。買ったばかりの無垢の木には、まだ水分が残っており、少しずつだが反りが出る。また季節ごとの湿度の変化に敏感で、膨らんだり縮んだりを繰り返す。建具職人はよく乾燥し、反りの出づらい木目の材木を選び、変形を防ぐ組み方で建具を作製する。玄関ドアが高価なのも当然と言えるだろう。しかしない袖は振れないのだから仕方がない。

「ドアは後からの付け替えも簡単！」

「ふーん」

「ダメなら新品買えばいいよ」

下手くそな詐欺師（さぎ）になった気分だが、めげていては数十万円の出費なのだ。

「せっかくの家の顔だし。やっぱ自分でやりたいじゃない」

「……ま、いいんじゃない」

「!?」

「ただし、開かなくなったら、捨てるからね」

「はいはーい」

これは僥倖（ぎょうこう）。気の変わらぬうちにと、大急ぎで材木の買い出しに飛び出した俺であるが、残念ながら玄関ドアの作り方がわからない。仕方ないので車を走らせながら考えることにした。

まず使う材木。ドアなどの建具や、家具などの緻密な木工を行う職人さんは、柾目と言って木目がまっすぐに通った材木を使う。樹種も密度が高く変形の少ないものを選ぶのだが、これは高い。室内ドアならまだしも、玄関ドアだとある程度の厚みも必要になるだろう。

「そんな材木、西山さんのところで頼んだら高いよなー……」

いまいち方針が決まらぬまま、たどり着いたのは、この辺では比較的材木売り場の大きいホームセンター（という時点で、もうかなり怪しい）セキチュー。売り場をぶらついて目についたのが、檜の2m材。断面の厚さが4㎝×9㎝というもので、もちろん柾目なわけはないが、お値段1本たったの600円。

「これは安い!!」

玄関開口部の幅から割り出した必要本数は13本なので、全部で7800円だ。玄関ドアの材料費としては破格である。

売っているときからすでに反りが出始めているので、売り場の床に並べ、なるべくまっすぐなものをチョイスする。この段階で不安たっぷりなのだが、ドア1枚分の木材が、一万円札1枚でお釣りがくるのだから、迷っている場合ではないだろう。

しかし、さすがに俺もバカじゃない。このままではまずいということはわかっている。そこで次に金物売り場におもむき、長いボルトを購入。こいつをドアの形に並べた材木に貫通させ変形を防ごうという魂胆なのだ。その他、蝶番や接着剤などもろもろの部品を購入し、そそくさと帰宅。嫁の気が変わらぬうちに、さっさとドアを完成させて、取り付けてしまおう。

まずは材木の側面に、貫通ボルトが通る穴を開ける。この穴がずれていると、ドアの表面がデコボコになるので慎重に。次に材木を横一列に並べボルトを通す。しかしそれだけではどうも弱そうだ。そこでセキチューで買ってきた「水気に強い木工用ボンド」を使うことにする。少し酸っぱい香りのする白い接着剤を、ブチューッと材木に塗って組んでいく。組み終わったらボルトをナットで締め上げるのだが、ケチって細いボルトにしたのが原因か、手の力で結構たわむのだよね……、大丈夫なのかこのボルト？　そこで再びセキチューの金物売り場へUターン。見つけたのが「古城の扉の釘風の釘」。黒くてアンティークな感じが非常に俺好み。気分は中世ヨーロッパの邸宅か。これを使ってドア正面に補強の板を張り付けてドア本体の完成だ。

## 桜とヒメシャラ

ドアといえば取っ手も必要。しかしここまで作り込んだ玄関ドアに「ガチャッと開けるドアノブ」はなんだか気分ではない。何か良いものはないかと探していたら、薪に使えと義父からもらった桜の木が目についた。近所の庭木を伐ったものらしく、太さは５㎝くらいか。そこでふと思いつく。「桜の取っ手ってカッコイイんじゃね？」

適当な長さに切って、ナイフで表面を削ってみる。なんだか良いものができそうだ。やりだすと面白くて、何本も切り出しては削る作業に没頭していると、背後に人の気配が。

「何作ってんだ?」

「玄関ドアの取っ手だよ」

隣の吉田のじいちゃんが覗きにやってきたのだった。

「ほー、桜の木で取っ手か。豪勢だな」

「へー見ただけで、木がわかるんだ」

「あったりめーよ。ちょっと待ってろ」

何を思ったか、ノコギリ担いで裏山に向かったじいちゃん、しばらくすると3mくらいの木を引きずって帰ってきた。

「何だ何だ⁉」

「ヒメシャラの木だ。磨くと手触りええぞ」

「おおお!」

ということで、今度はヒメシャラを削り出す。桜とはまた違った木肌でこれまた味わいがある。直径は3㎝くらいで、全体に微妙な曲線を描くラインが手のにぎりに優しく馴染む。磨き上げた木肌も柔らかい。

「確かに、良いねー」

こうして我が家の玄関ドアの取っ手は、表がヒメシャラ、裏が桜とあいなった。

「こりゃ、意地でも新品ドアへの付け替えはないな」

## ドアの完成

いよいよドアの取り付けだ。適当に見繕って買ってきた蝶番をドアの側面にネジ留めする。このとき、一番重要な蝶番は最上段のものだそうだ。こいつがドアを支え、垂れ下がりなどを抑えてくれる。取り付け位置はおおむね上端から15㎝くらいが良いと解説書には書いてあった。下の蝶番と、真ん中のは、まあだいたいで。

そして高さを調整しつつ枠にネジで留めるのだが、これを1人でやるのはなかなか難しい。なぜならドアを空中に浮かせた状態で留めなければならないからだ。当たり前だが、ドアは枠よりも小さくないと、開け閉めに支障が出る。では、どのくらい小さく作ればいいのか？　ズバリ上下左右それぞれ2～3㎜。

ということは、取り付けるときのドアは、空中に3㎜浮いた状態でネジを打つことになるのだが、当然これは難しい。

設置したばかりの玄関ドアから嬉しそうに顔を出す娘。

しかし賢明な俺は、隙間風もなんのその、ドアを上下左右に5㎜ずつ小さく作ったのだ。

この程度の隙間、そんなに大したことないと思うかもしれない。しかしドア全体でトータルすると、上下と左右でそれぞれ1㎝の隙間ができるということなので、冬の防寒防風を考えると、その影響は結構大きいのである。ま、おかげでなんとかハマったわけだけど……。

「おー、カッコいいじゃない」

「えへへ」

珍しく、お褒めの言葉をいただいたところで、我が家の玄関工事が完成した。何の計画もなく突発的にスタートし、走りながら考え作業した玄関。その見栄えは、なかなか立派で、自分を褒めたい出来だと思う。そんな自慢の玄関ドアを、娘と一緒に喜び勇んで開閉すると、ひんやりとした風が肌を撫(な)でる。いつの間にか季節は移り、風の気配は「涼しい」から「冷たい」へと変わりつつある。しかし我が家の外壁工事は、この先も膠着(こうちゃく)状態のまま一向に進む様子は見えないのであった。

# 第6章 泥沼地獄のち壁工事

2012.10~2012.12

人生初のショベルカーで溝掘り。
おっかなびっくり。

## ショベルカー登場!

秋の高く青い空の下、俺はショベルカーに乗っている。当然初めての経験だ。ここは我が敷地の北の端。かれこれ数時間、延々と穴を掘り続けていた。ここに来るまでに、すでに3回、家の骨組みに「壁ドン!!」した。

話は1週間前に遡る。梅雨前に始まった窓と玄関周りの工事を、ようやく仕上げることができた俺は、ずっとほったらかしのままだった外壁工事再開に向け、下準備に励んでいた。次は外壁の下地「胴縁」の取り付けと、防水紙の設置。この秋の台風は例年に比べひどくはなかったが、それでも何度か横殴りの雨にあい、建物内が水浸しになっていた。ここは、少しでも早く防水紙を張り巡らしたい。胴縁の材木を切りながらそんなことを考えていると、そこに向かいの土地の兄ちゃんが遊びにやってきた。

「やあ、だいぶできたねー」

「お、こんちわっす。いい天気ですね」

「ほんと、ずいぶん涼しくなったね」

そんな当たり障りのない会話の後、兄ちゃんから衝撃の提案がなされる。

「ところでさ、うちに親父が昔使ってたショベルカーあるけど、貸そうか」

「まじっすか!!　ぜひぜひお願いします」

「そんじゃ、今度持ってくるからね」

外壁の工事が終われば、床の施工が始まるはずだ。その前に床下に張り巡らされる、上下水道の手配をしなければならない。しかし屋内へ水道の管を導くには、結構な長さの溝を掘る必要がある。これを外の業者さんに頼むと「かなりのお金が必要だろうし困ったな」と思っていたので、この提案はまさに渡りに船なのであった。もちろん「ショベルカーを運転できる」という単純に子供っぽい嬉しさもあった。

とはいえショベルカーである。そんなに簡単に持ってくることはできないだろうし、運転の仕方だって教えてもらわなければならないだろう。などと甘く考えていた週末日曜日の朝、家族3人で現場に向かうと、敷地中央にドンッと真っ赤なボディのショベルカーが置かれていた。

「わー、しょべるかーだー。とと、のっていい？」

突然の工事用車両の登場に興奮する娘。しかしその横に、兄ちゃんはいないし、説明書ももちろんない。

「ちょっと、お礼の電話しなきゃいけないんじゃないの？」

「いやちょっとまて、よく考えたら電話番号も名前も知らないよ……」

兄ちゃんは顔見知りだが、向かいの土地に住んでいるわけではなく、たまに草刈りなどの管理に来るだけで、この時点ではどこに住んでいるのかもわからなかった。

「ぶんぶん、カッコいいでしょー」

「こらこら、勝手に乗っちゃダメだよ」

嫁と娘の会話を聞きながら、どうしたもんかと考える。相変わらず、頭に浮かんでくるのはお金の問題ばかり。住宅敷地への排水管と水道管の埋設工事を業者に依頼すると、作業費は1mあたり1万円からが相場だという。我が家の場合、大沢建材の社長に入れてもらった浄化槽から、一番奥の風呂まで距離にして20mあまり。さらに浄化槽から町道脇の側溝までは10m以上!!　単に穴を掘ってもらうだけで、軽く30万円以上の出費になる計算なのだ。予算が厳しい我が家の建築工事では、ここで躊躇している場合ではないだろう。しかも、このショベルカー、いつまで貸してもらえるかも聞いてはいないのだ。とにかく、工事を始めなければならない!!

## 運転していいのか、悪いのか

「よし、考えててもしょうがない。とりあえずエンジンかけてみよ」

「でもさー、素人が勝手に運転して大丈夫なの?」

嫁がつぶやく。俺もその点は自信がなかった。

「うむ、そこはわからんなー。自動車の普通免許じゃダメだよね?」

「そりゃまあそうだろうねえ、たぶん……」

そこでインターネットを使って、ショベルカー運転に関する法律関係をチェックしてみた。今回兄ちゃんが置いていったショベルカーは、日立建機製のEX8と言われるタイプで、法律上は小型車両系建設機械に分類されるらしい。この機械を工事現場で使用する場合は「技能講習・特別教育」を受け、修了しておかねばならないとある。また、キャタピラの付いたこれに乗って「公道」を走るときには、大型特殊の運転免許も必要になるそうだ。前者が「作業、業務」、後者が「公道を走行」のための資格というわけだろう。

「でもうちの場合は外に出ないで〝私有地〟内を走行するだけだから」

「それなら運転免許証は必要ないと?」

「そこは大丈夫だと思う。でもややこしいのは技能講習だね」

今回このショベルカーで行う穴掘りは、「仕事」ではなく「趣味、私用」なのだ。建設機械に関わる法律は「労働安全衛生法」。要するに「働く人」を守るための法律なので、この法律は当然、趣味で建設機械に乗る人なんて想定していないのだ。

「ということは、自己責任でいいと思うんだよね」

「本当に？？？」

本当かどうか、いろいろ調べてみてもわからなかったので、技能講習はなしで乗ってみることにした。

とりあえず試しに、座席に置いてあった鍵でエンジンをかけてみる。ドルッドルッと重い音を鳴らしながらセルモーターが回り、続いてドッドッドッと身をきしませながらエンジンに火が入った。ショベルカーといっても、こいつはかなり小さいタイプだろう。メーカーは日立建機。そういえば昔々、カメラマンアシスタントで働いていた会社では、日立建機がクライアントだった。ショベルカーのパンフレットの撮影に立ち会ったこともある。あの頃は、まさか日立のショベルカーに自分が乗って、自宅の敷地に穴を掘る日が来るとは思わなかったよな……。

## ショベルカー自主練

物思いにふけっている間に機械が温まったのか、不安定だったエンジンの爆発音がリズミカルに変わってきた。改めて全体を眺めてみる。日立建機製EX8。色は建設機械でおなじみのイエローではなく、少し渋目のレッド。車体横に取り付けられた黒い金属製プレートには、機械質量760kg、バケット容量0・022㎥、エンジン出力は5・9kWと表示されている。操縦席に屋根はなく、黒い椅子が本体にむき出しで付いていた。恐る恐る座ってみると目の前には、全部で6本の操縦レバーがいかにも「操縦席」といった風情で整然と並んでいる。この辺りのデザイン、昭和のロボット世代にはとてもワクワクするレイアウトだ。颯爽とレバーを握り前方を見据えると、気分はもうパイロット。なんだかデカイ声で、必殺技の名前でも叫びながらレバーをガチャガチャと操作をしたいところだが、エンジンがかかっているのでそうもいかない。まずはおっかなびっくり、目の前のレバーを引いてみた。途端にガクッと車体が振動してアームが顔面へ迫る。

「⁉」

ビックリして、レバーを押すと今度はアームが勢いよく下がって地面を叩いた。その力でショベルカー本体がガチャッと飛び上がる。

「こりゃなかなか怖いぞ」

とにかく思っていた以上に動きが機敏なようだ。後に実地で学習したのだが、こういった油圧で動く機械は、レバーをジワーーッと操作することが肝要(かんよう)なのだ。

よくよく見れば、レバーの下に操作方法のシールが貼ってある。

「なになに、真ん中の2本は前進後退か」

試しに、右を押すと、右のキャタピラが前に出ようとして回転し、本体は左にズルと向き直る。そういうことかと、2本同時に押すと前に進む。引けば後退。片方を操作すれば、本体が回転し方向転換できる。

「ふむふむ、これは簡単だな。これで好きなところへ移動できそうだ」

問題はその両サイドのレバー。

「こいつが手首の上げ下げ」

操作すると先っちょのバケツが、おいでおいでするような形で動く。

「で、こっちが肘のところか」

またまた操作すると、真ん中の関節を支点に前腕の部分が上下に動いた。

「最後にこいつで、肩か」

同じく操作すると、根元から腕全体が上下に動く。一個一個の操作はシンプルで簡単だ。

「それで、どうやって穴を掘るのよ?」

ショベルカーの操縦席は娘のお気に入りの場所になっていた。

そうなのだ。人間だって手でものを取ろうとするとき、「手首をこっちに動かして」「肘はこっちに曲げて」などと1カ所ずつ考えたりしてはいない。全部の関節を、なんとなくバランスよく操作して、いつの間にか物を掴んでいたりするのだ。ショベルカーもこの3つの関節をフワーッと混ぜ合わせながら動かして土をすくい取るのであろう。しかし、そんなスムーズな操縦を、初めて乗った人間が簡単にできるはずがない。とりあえず土地だけは広いので、穴掘り練習に励むことにした。

## ショベルカーの落とし穴

練習を始めて4日目、キリがないのと敷地が穴だらけになりそうなので、いよいよ本番に入ることにする。3年前、建築に先立って敷地北西に埋設してもらった浄化槽。ここのすぐ脇から穴掘りはスタート。家の北側を一直線に通り抜け、ひとまず東を目指す。距離にして15m弱。家は北側の境界ギリギリに建てているので、作業スペースは細くて狭い。

「なかなか緊張するなー」

おまけに、まだまだ下手くそで深く掘ることができない。これが後々の地獄の日々を生む原因となるのだが、初めてのショベルカー掘削作業の本番に、テンションがマックス状態の俺は、そこまで気が回らないのだった。

じわじわとショベルカーを後退させながらの穴掘り。難しいのは、掘った土の置き場所だ。幅2mほどの狭い場所を掘り進むので、土をうまく積み上げないと、どんどん穴の中に崩れてくるのだ。レバー操作もまだ慣れていないので、穴の状態にばかり気を取られていると、無意味な回転動作をして、家をアームでどついてしまう。

必死の思いでレバーを操作しているところへ、例によって買い物帰りの嫁と娘がやってきた。

「おー進んでるー。やっぱ機械は早いねー」

お褒めの言葉に気をよくし、颯爽と操縦レバーを操る俺を無視して、15mの溝の出来具合をチェックする嫁。相変わらず、男のロマンがわからんやつだ。

「ここ、水が流れるんだよね？」

「当たり前じゃん」

「なんか、向こうの方が浅くない？」

「そう？　気のせいじゃないの」

相変わらず鋭い。俺は内心ビクビクしながら返事をした。そう、この時点で俺も気づき始めていたのだ。スタート地点の方が溝が浅いことは。なぜか？　原因は簡単である。俺のショベルカー操作がうまくなったからだ。最初は上手に土を捉えることができず、浅い穴しか掘れない。しかし作業を続けるうちに要領を掴み、次第に深く掘れるようになってくる。うまくなればなんだか楽しくなり、調子に乗って、より多くの土を捉え、より深くえぐる、とやっているうちに、どんどん溝が深くなってきていたのだ。

「これ、上流はコッチだよね？」

「そう……だったかな？」

当たり前だ。水は下に流れる。古今東西、鉄壁の法則である。風呂が上に、浄化槽が下に、これを守らなければ、風呂の水を排水できない。おまけに風呂の隣はトイレだ。このままでは、ウンコが途中でつっかえることになる。しかし、やり直そうにも狭いスペース。掘った溝が邪魔でショベルカーはもう、スタート地点へは戻れないのだった。

「ま、こんだけ掘っとけば、あとは手でも修正できるよ」

作り笑いで、なんとか言いつくろう俺を、胡散臭げな目で見つめる嫁であった。

## 手掘りでハアハア

ショベルカーを使っての溝掘りが、風呂前まで終了した俺は今さら改めて、スタートとカーブ、ゴールの3地点に杭を打って測量を試みる。測量なんて、普通は掘る前にやるのが当たり前だが、まあ、やってしまったものを後悔しても仕方がない。基本に則り、3本の杭に水平を出した点を描き、そこを水糸で結ぶ。その糸から溝の底までの深さを測ると、工事のまずさは一目瞭然だった。

「ほら、やっぱりー」

「大丈夫。手作業で調整するから」

「はー？　それって、私もするんでしょう？」

ご機嫌斜めの嫁にスコップを押し付けると、浄化槽脇から、溝を掘り返し始める。基準となるGL（グラウンドライン＝地表面の高さ）を水糸から適当に割り出し、とりあえず溝全体の底を、GLから50㎝下にならすことにした。

「ハアハア。最初から、これをショベルカーでできていれば、問題なかったのに」

「まあまあ、それでもゼロから手で掘ること思ったら、十分に楽な作業でしょ」

溝の修正を続けるかたわら、この中に設置する上下水道の部材の調達をすることにした。建築前に水道管の引き込みをお願いした河内電設の社長に来てもらう。

手掘りで溝の深さを修正する。大変な土の量だ。

「おー、あれからどうなってるのかと思ってたら、進んでるんだな」

「はい、なんとか」

「それで、何がいるんだ?」

「とりあえず、屋外に埋設する上下水道の部材が欲しいんですが」

「ふん、わかった。明日、持ってくっから」

立ち話でザッとした配管プランと距離を説明しただけなのに、翌朝ドサッと大量の部材が運ばれてくる。

「あいかわらず、すごい早業ですね」

「前も言ったろ、ノンビリしてたら飯にならん」

一般住宅の排水管は、屋内の水回りをいくつかのグループにまとめ、グループごとに外へ出すのが基本。我が家では「玄関横トイレ」「台所」「風呂横トイレ」「風呂・洗面所」の4グループに分けることにした。一番奥の「風呂・洗面所」用出口からスタートした外排水管に、途中途中でそれぞれのグループが合流し、最後に浄化槽へと流れ込む計画なのだ。

大量の配管部品を届けてくれた河内の社長。

河内の社長が持ってきてくれたのはポリ塩化ビニル製のＶＵ管と、それをつなぐ各種継手、大きな合流部に置くマス、専用接着剤など多種多様な部材。それらが段ボールにどさっと入っていた。後からわかったことだが、一度現場を見ただけの社長のセレクトで、材料の過不足はほぼなく作業を終えることができた。さすがはプロである。

## とっても繊細な配管工事

溝もでき、使用する部材も揃ったところで、配管を始める。

まずは溝の中、浄化槽脇の土を娘の砂遊びスコップで掘り進む。20㎝ばかり掘ると、浄化槽の側面が見えてきた。この側面に排水管が刺さる穴が開いている。将来ここを、いろいろなものが通るのかと思うと、ちょっと感慨深い。

「うんち、うんち、うんちー、きゃはは」

「こらー、うんちって言わないのー」

次に建物側。4つの排水グループの出口があるであろう場所を、溝から家側へと掘ってみる。するとコンクリート基礎の側

溝を掘り進むと見えてきた浄化槽の穴。
ここへ向けて配管を進めるのだ。

面にも、事前に排水管をつなぐための穴が開けられていた。これらの穴をＶＵ管でつなぐことができれば、今回のミッションは成功である。

ＶＵ管の組み立て作業自体は比較的簡単だ。パイプの端と継手の内側に接着剤を塗ったら差し込んで30秒、ぐっと固定しながら数を数えるだけ。しかしその設置は大変難しい。要求される設置角度を維持するのが、かなりシビア。水の通路には「水勾配（こうばい）」をつけなければならない。

「それで、どのくらいの勾配にすればよいの？」

「直径10㎝の管で１／１００勾配だって」

「何ですかそれは？　それってどんだけの角度なのよ？」

「ズバリ１００㎝進んで１㎝下がる勾配です」

「１ｍで１㎝下がるってこと⁉」

そうなのだ、排水管の勾配というものは驚くほど、高低差が少ないのだ。正直、１／１００勾配くらいだと、ぱっと見では傾いているのかどうかもわからない。

娘が持っているのが直径10cmのVU管だ。

「ホントにそんなので、ウンコが流れるの？」という疑問も当然出てくる。「もっと急勾配にすればよいではないか」というのが素人の率直な感想なのだ。

「でもね、それは素人の浅はかさなのさ」

「なんでよ、バーッて勢いよく流れた方がいいでしょうよ」

「いやいや、あまり急な勾配にしすぎると、液体だけがバーッて流れて行っちゃうんだって」

「そうなんだ。それで……まさか」

「そう、それで固形物（ウンコ）は途中で取り残されちゃうんだって」

「ひーーー!!」

しかも長い距離の配管では、急勾配にしすぎると、その端と端での高低差も大変なことになる。我が家の場合、最上流から最下流の浄化槽までの距離は20m以上ある。仮に勾配を2／100に強めて配管していくと、一番上流部分の「風呂・洗面所」出口は浄化槽の穴よりも40cmも高いところにくることになるのだ。

1mで1cm。言葉にすれば簡単である。しかし当面の目標である浄化槽までの20mを、実際に1／100勾配を維持してVU管を設置し続けるのは非常に難しいことなのだ。

「それで、その角度はどうやって測ればいいのよ？」

小型のスコップでＶＵ管のグレーの表面をコンコンと叩きながら嫁が聞いてくる。

「まずなるべく平らに整えた溝の中にＶＵ管を置いてー」

俺は嫁のスコップを奪うと、それで丁寧に土をならし、そっとＶＵ管を安置する。

その管の上面に水準器をのせると……、おおむね溝の底は平らにできていたらしい。

水準器の気泡は目盛りの真ん中付近でプルプルと震えていた。

「今真ん中に泡があるでしょ？　これが目盛り１個横にくると、それで１／１００勾配」

「えー!!　そんだけー？」

ＶＵ管は１本４ｍ。つまり、端と端で高低差は４㎝になる。４ｍで４㎝。しかも下はならしたとはいえデコボコの土の溝。

「こんなの無理だよー!!」

「管の下に小さな石粒があるだけで角度が変わるな」

そうなのだ。管の下の小さな石や、ちょっと強く押したときの土の変形、これだけであっという間に勾配の向きも強さも変わるのだ。

## いよいよ泥沼へ

「ここは、勾配がついていないよりは、少し強めがいいよな」

「うん、そうよね」

　ということで、少々キツめの勾配で設置しようというのが、人情というものだろう。ここが失敗の始まりだった。

　嫌な予感はとりあえず無視して、配管作業をどんどんと進める。途中2カ所、「玄関横トイレ」出口と「台所」出口の合流部に大きなマスを設置しながら15m進み、東側の90度カーブポイントに到着した。

「ここまで、だいたい1・5／100勾配くらいを維持してるかな」

「じゃあ15mで、通常より7cmちょっと高くなってる計算？」

　その通り。通常の1／100勾配ならば15mで高低差が15cm。これが1・5／100勾配では高低差22・5cmだから、その差は7cm5mm。この差が果たしてどうなるのだろうか……？

　カーブポイントにも大きなマスを設けて南へ曲がり、さらに4mほど進むと「風呂横トイレ」出口との合流ポイントに到着する。この辺から嫌な予感は、かなり現実的な問題となって、我々の目の前に迫ってきていた。明らかに「風呂横トイレ」出口の穴と本管側の高低差が0に近いのだ。

「このまま先に進むと……」

「ゴクリ……」

人間、ダメだとわかっていても行き着くところまで行かなければ、止まれないことってあるのだ。明らかにダメだろうという空気の中、それでも確かめずにはおられず、惰性で配管を進め、とうとう問題の地点に到着する。

「……！」

コンクリート基礎に開けられた「風呂・洗面所」出口の穴と、本管に取り付けたマスとでは、素人目にも明らかにマスの方が高い場所にある。

「でも……でも、1mで1㎝のところ、1・5㎝にしただけだよ」

「うんうん、わかる。わかるよー」

「1mで誤差5㎜。そんなの誤差にもならないじゃん!!」

「とと、かわいそ」

勾配は少しの狂いが命取り。わかってはいたけど……。

そうなのだ。そんな負け惜しみを言っても、現実は変えようがない。しかし、予感していたことではあるが、現実に目の前に結果を突きつけられると、そのダメージは計り知れないのであった。思わず膝から崩れ落ちる俺をほっぽり出して、嫁はいそいそとメジャーを取り出し、穴同士の高低差を測っている。

「へえ、結構キレイな数字が出たよ。出口とマスの高低差は10cmだね」

「20mで10cm高くなったってこと？」

通常の1／100勾配なら20mの配管工事で高低差は20cm。これが1・5／100勾配だと30cmになる。

「強めにした数字とぴったりだ……」

そう、基礎と浄化槽の工事をしてくれた大沢建材の社長は、素人では想像もつかないような、きっちりとした計算と施工を行い、「1／100勾配」の高低差で基礎の出口穴と浄化槽の穴が配管できるよう、全てを見事に設置していたのだった。

「いやでもこれって、俺の1・5／100勾配もきっちりだったたってことだよね」

「アホな自慢してる場合じゃないでしょ！　これ、どうするの⁉」

嫁の指し示す先には、接着剤でがっちり組まれた20mのポリ塩化ビニル製VU管が横たわり、さらにマズいことに途中3カ所は家本体とも合体しているのだ。

「どうしよー？」

「知らないわよ!!」

## 秋の終わり、地獄の日々

ここから俺と嫁の、地獄の掘り下げ作業が始まったのである。そろそろ木の葉も散り始め、空気が冷たくなり始める秋の終わりのことだった。

日本のたいていの住宅はそうだろうと思うが、我が家の排水管は家の北側を通っている。様々な事情が重なって、一向に外壁の工事は進んでいないとはいえ、大きな屋根が覆うこの場所は、ずーっと日陰なので、これからの季節はとにかく寒いのだ。

そんな暗くて寒くて、なんとなくジメッとした溝の中、棒で排水管をこじ上げては、下の土を指と小型スコップでかき出す作業の繰り返し。地味だし寒いし、手が痛い……。しかも、

「こっち下げるよ」

「ダメダメ、こっちが上がったよ」

「なにー、じゃあ、これなら?」

「あー、ダメみたいね。もう元に戻らないから、やり直し」

「くわーーーーー」

「あっちを下げたら、こっちが上がる」の繰り返しが続き、なかなか思うような角度

を保ったまま、作業を進めることができないのだ。

「この期に及んでは、ひと思いに全部ぶっ壊して……」

「初めから作り直す？」

「うーーーむーーーー」

コンテナハウスから電卓を取り出して、部品代を計算し直すと、買い直しのお値段は5万円以上かかることが判明する。

「ダメだ、俺には壊すことなどできない」

「まあ、そうでしょうねー」

無益な会話を挟みながら嫁と2人で悪戦苦闘を続けていると、なんとなんと今度は雨が降ってきたではないか。ここは埼玉県秩父地方の山間。初冬の雨は身を切るような冷たさであった。

「グワー、最悪だー」

「あーあー足元、びちゃびちゃの

棒で配管を持ち上げて下の土をかき出すが、なかなか傾斜が決まらず難しい。

グチャグチャ」

「きゃっきゃっきゃ」

「そこの小娘!! 泥遊びしないの!!」

当然のことだが、作業現場は溝なので降り注ぐ雨水が底に溜まる。おまけに作業現場全体が「北側の屋根の軒先の真下」にあるのだ。

「ポタポタうっとうしーな。雨樋つけときゃよかったー!」

後悔してももう遅い。だいたいこの時点まで、雨樋の設置なんて検討したことなど一度もない。ポタポタと滴り落ちる雨粒が、作業する頭と首と背中を絶えず濡らし続け、体の熱と体力を削り取っていく。

「もうダメだ。もう最悪……だ」

疲れた体が冷えると、体力とともに気力も削がれ、意味のない弱音が口をつく。つらい。

「でも、下の土が軟らかくなってかき出しやすくなったよ」

なんでもポジティブに考えられる人が横にいるのは幸せである。1人作業なら、ほっぽり出してふて寝していたことだろう。

しかし溝の中は水たまりとグチャグチャの泥で、どうしようもないことに変わりなし。靴とズボンがドロドロに汚れるのは早々に諦めたのだが、

「あー、動いちゃった!!」

苦労して、せっかく良い角度に管を設置できたのに、次の作業場所へ移動しようと足を踏み出しただけで、靴に押しのけられた泥が盛り上がって、管の角度が変わるのだ。

知っている限りの悪態と呪いの言葉を呟きながら4日間、泥と水準器と格闘し、なんとか「風呂・洗面所」出口と本管マスの接続に成功した。

今ここに、我が家の第1次水道工事大作戦は無事終了の運びとあいなったのである。

「この後は、建物の中の配管をするの?」

「いやもう疲れたから、あとでいいよ。壁作ろ、壁!」

しかしその翌日、俺は風邪で寝込んでしまったのであった……。

雨が降ると溝の中に、たくさんの水たまりができる。ドロドロのビシャビシャだ。

## ようやく壁にたどり着く

「壁だ、やっと壁が作れる」

その喜びに、文字通り体を震わす俺である。この前に壁に関する作業をしたのはいつであったろうか。「窓の取り付け」の重要性に気づいたことから、停滞を始めた外壁作り。窓が終わると「玄関のコンクリート工事」が始まり「玄関ひさし」を作り「玄関ドア」を作って、やっと外壁に戻れると思ったら、次になぜか「ショベルカーに乗って溝を掘っていた」。ここまでの半年あまりの間に行った多様な工事の数々。それぞれの工事の大切さはもちろん認識していたし、建築作業の流れの中で、これらの工事のスケジュールを、どこかに入れる必要も当然わかっていた。それでも、最初に考えていたスケジュールから大きくずれている気がして、どうにも落ち着かない気持ちで過ごしてきたのも事実なのだ。そんな長い長い回り道の末、やっと戻ってきた外壁作り。嬉しくないはずがない。テレビからはそろそろクリスマスソングが流れ始めていた。

「次はズバリ、壁内防水になります」

「おー、なんだか重要そうな名前だねー」

現在はむき出しの木の構造材。その外側表面を防水シートで覆い、外壁材の隙間から浸入する雨水や湿気を完全にブロックするのがこの工事の目的だ。その施工の出来不出来が、建物構造の寿命を大きく左右するというから、かなり重要な工事といえる。

「屋根と同じように、防水シートを貼ってけばいいんでしょ？」

使い慣れたエアタッカーを久しぶりに引っ張り出し、やる気満々の嫁である。しかし壁面は、屋根と違い窓などの開口部が多いので注意が必要なのだ。

「まずは、窓とかの開口部周りにこの防水テープを貼ってよ」

「へー、珍しく高そうなテープじゃないの。両面テープなんだね」

「そうそう、高いから大事に使ってね」

　続いて防水シートを用意する。屋根のときに使用した防水シートは「アスファルトルーフィング」。ベースとなる丈夫な紙にアスファルトを塗りつけたものだ。外壁の防水用には同じ種類で少し薄手の「アスファルトフェルト」というものがある。これは安くて防水性も高いのだが、ひとつ大きな弱点があった。それは湿気を通さないこと。これでは壁内に生活空間から出る水蒸気がこもって、中の断熱材や構造材がカビだらけになってしまう。

　そこで今回、我が家の壁には「透湿防水シート」と呼ばれるものを使用することにした。これは名前の通り、湿気は通すが水は通さない素材でできている。

「テープ、貼り終わった？　じゃあ早速シートも貼ってみようか」

　屋根のときと同じく、トイレットペーパーのようなロールで納品されるが、垂直の壁なので、コロコロ転がすようには貼ることはできない。仕方がないので、その都度必要な長さに切断し、タッカーで構造材に留めていく作業を繰り返す。

「フツーの壁のとこは楽だけど、窓のところ面倒だなー」

「あわわ、テープに変な感じでくっついちゃったー」

窓周辺は適宜、開口部の形にシートを切り抜き、事前に貼った両面の防水テープでシートと窓サッシを貼り合わせる。しかし強力なテープで、不本意な形で一度貼り付くと、引き剥がすのは難しい。無理に引き剥がすと、シートが傷んで防水にならないのだが、シート自体数メートルの長さなので、これはなかなか難しい。建物の防水工事は、プロでも気を遣う重要な作業というけれど、やることは地味で楽しくはない。

「はー、やっと家一周か」

2週間かけ、ぐるっと一周、家をラッピング完了。やっと楽しみにしていた外壁板を張ることができそうだ。

## 妥協か、折衷か

「それじゃー、外壁は何にしよっか？」

「あれ、漆喰(しっくい)じゃなかったの？」

「漆喰の塗り壁もカッコいいんだけどさ、塗るのが面倒なんだよね」

「何言ってんの、最初の予定通り漆喰でいいじゃない」

そうなのだが、どうも奥多摩の古民家リフォームのときから、左官工事は気が向かない。「張ったら」それで「完成」「おしまい」の板張りの方が好きなのだ。

「綺麗に塗れる自信もないしさ」

「でも全体が板張りの外観だと、なんか重苦しい印象だわ」

「それじゃ下2/3くらいを杉板張りにして、上1/3が漆喰ってどう?」

「相変わらず妥協というか、折衷というか……」

「妥協案」と「折衷案」、セルフビルドには大切な要素なのだ。さて材料が決まったら、いつもの西山材木店へレッツゴー。

「社長、外壁に杉板張りたいんですけど。なんか、ちょうどいい板ないっすか?」

「ほう外壁、板張りかい? 板張りは、水、結構入るよー。防水、大丈夫?」

「このあいだの防水シートは、真面目に貼りました」

「板、横にして下見板（したみいた）にするの?」

「下見板張り」とは、板を横長方向に使用し、下の板に1/4くらい重ねながら張る工法で、今でも和風建築様式の民家などでよく見ることができる。屋根材の張り方と考え方は同じで、上から流れ落ちてきた雨水が板の裏側に入りにくく防水性が高い。しかし好みの問題だが、家全体がどうにも重々しい印象になるので、今回は使いたくなかった。

「いや、縦に張ろうと思ってます」

「ほう!! 竪板（たていた）張りで? 隙間空くし水入るよー」

「やっぱダメっすか?」

# 壁の種類

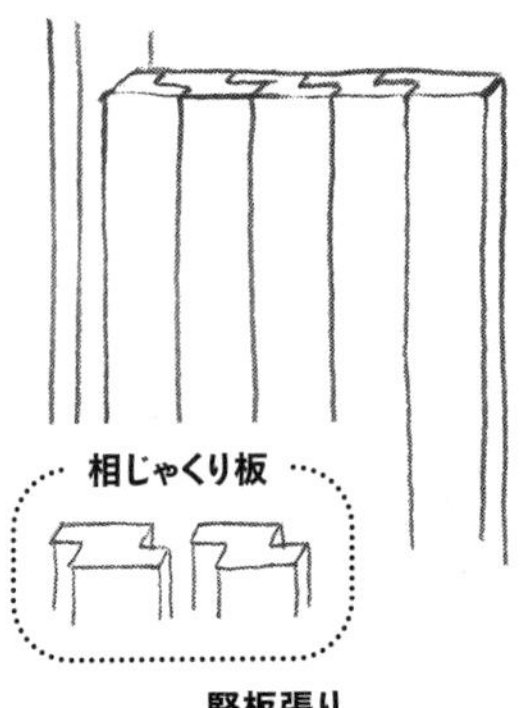


**堅板張り**

文字通り、壁板を竪にして張っていく工法。板と板の間から水が浸入しやすいので、相じゃくり加工を施した板を使う。

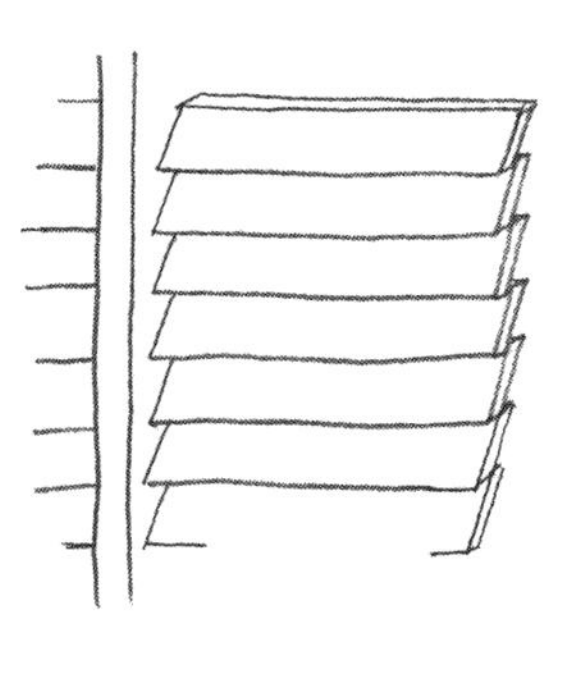

**下見板張り**

壁板を張るとき、下の板の上辺に上の板を重ねるようにして打ち付ける工法。重なり部分があるため、雨水の浸入に強い。

「ちゃんとやれば、いいけどねー」

「頑張ります!!」

「じゃ、相じゃくり板だな」

「竪板張り」とは文字通り板を縦に使用して張る工法で、建物の外観がすっきりスマートな印象になる。そして「相じゃくり」とは、板の両端、「右が表」なら「左は裏」側を板の厚み半分を残してL字形に削る。そうすると、隣の板と並べたときに2枚の板に重なった部分ができるのだ。この重なり部分で防水や防風を行い、また板が乾燥し痩せても、隙間ができないという利点がある。ただし、「下見板」に比べれば重なりは少なくて貧弱だし、水の流れる方向から考えても、当然染み込みやすい。

「ま、しかし俺は見た目優先でいくのだ。少々の雨水、大丈夫だろう」

嫁には内緒で、我が家の外壁は「杉板の竪板張り」工法に決定する。

「相じゃくりの杉板で安いのありますか?」

「んー、もちろん安いのもあるけど、あんまり薄いのだとマズイしねー」

「でも、大量にいるんですよー。お値段優先だと?」

電卓片手に、市場に電話をする若社長。厄介で儲けにならない素人客で申し訳ない。

「厚さ15㎜の相じゃくり杉板が、安い在庫あるみたいだね」

「じゃあ、それにします!!」

「外壁にはちょっと薄いよー。あと表面はプレーナー軽くかけただけらしいけど」

「ぜーんぜん大丈夫っす!!」

プレーナーとは自動カンナ機のことで、これで表面を仕上げた材木を「プレーナー仕上げ」という。見えるところ、手で触れるところに使用する材木としてはプレーナーの後にもう一手間かける「サンダー仕上げ」「超仕上げ」に比べ一段劣るが、それでも「野地板」に比べれば十分美しい。そして当然、値段は安いのだ。

## 年の終わりの外壁板張り

西山材木店のトラックで、杉板の束がどさっと届いたのは、翌週のことだった。

「はて、何からどう始めようか?」

新しい作業に入るときはいつも同じなのだが、材料が届くとやることと考えることが一気に増える。走りながら考えるしかないのが、セルフビルドの難しいところ。

届いた杉板の山はこの先、激しい雨風と強い日差しから我が家の暮らしを守ってくれることになるのだが……。価格最優先15㎜厚の杉板は、明らかに薄っぺらくて不安が募る。

「ちょっと、お値段をケチりすぎたかしら?」

という嫌な予感が胸をよぎるが、横で不審そうに見ている嫁に悟られてはいけない。

さも思っていた通りの材料が届いた風を装い、板束をとめる封を切る。まぁ、今さら心配してもしょうがないではないか。せめてもの助力にと「防腐・防水塗料」を塗ることにしよう。

「じゃ、俺は板を打つ下地を壁につけるから、そっちは塗料、塗っといてよ」

「わー、ぬりぬりするー！」

「こんなの塗るだけで、大丈夫なの？」

「もっちろん‼　板壁はどこもみんなこれだよ」

そんなわけはないのだが、そういうことにしておこう。

選んだ塗料は「ステイン系油性防水・防腐塗料」というジャンルのもの。ペンキのように皮膜を作らず、木に染み込んで防水防腐するらしい。染み込むだけなので、木目がそのまま見えるのがいい。このジャンルで人気なのが「キシラデコール」。そのほかにも「オスモカラー」や「ワトコ」など有名なブランドが多数あるけれど、例によってどれも高い。懲りずに同じことを繰り返す俺は、近所のホームセンター「カインズホーム」でカインズブランドの安いものを買ってきた。

雑巾掛けの要領で壁板に塗料を塗る嫁さん。

「ムラになるとカッコ悪いので、キレイに塗ってね」

「そんな簡単に塗れないよ」

「雑巾(ぞうきん)掛け塗りってのがいいらしいよ」

カッコを気にするなら自分でやればいいのだが、どうも「塗る」系の作業は好きではないので、嫁と娘に押し付けた。素人がハケやローラーで塗ると「刷毛目(はけ)」が出てムラになりやすいという。そこでインターネットでおすすめなのが「雑巾掛け塗り」。塗料にボロ布を突っ込み、それで雑巾掛けするように塗ると美しく塗れるという。なかなか手と服が大変なことになりそうな豪快な塗り方ではないか。

「ちょっとー。その手で触んないでよ!」

「クケーッ、ケッケッケ」

嫁の悲鳴と娘の高笑いが聞こえるが、ここは関わらず無視することにしよう。塗装した板が出揃うまでに、防水シートの上から、下地になる木組みを打っておかなければならない。柱も間柱も縦に立っているので、そのままでは「竪板張り」ができないのだ。そこで「胴縁」材を横方向に打ち付ける。防水シートを挟んで格子(こうし)状になる形だ。どうせ見えなくなるので適当に切断しては、インパクトドライバーでこれまた適当にネジ打ちして留めていく。水平なども本当はちゃんと見た方が良いのだろうけどね。

ところで、ここで打ち付ける材木の厚みは3㎝。この厚さ分、防水シートと外壁の間に空間ができ、我が家の壁内通気層になる。この空間へ透湿防水シートを抜けてきた湿気が逃げていく予定なのだが、果たして意味があるのだろうか？

「そんなスペースなくても、こんな板じゃどうせスカスカ抜けるんじゃないの？」

塗装作業が一段落したのか、嫁が横からチャチャを入れる。確かに外壁は、薄手の杉板なので通気性は抜群なのだから、その裏に通気層なんてあってもなくても同じだろう。

「せいぜい、たくさんいる虫の越冬スペースになるのが関の山かもね」

「それは嫌だなー」

「キャッキャッ」

気がつけば建築3年目のこの年も、もう師走を半ば過ぎ、頬を撫でる山の空気はみるみる冷たさを増してきた。迷走に迷走を繰り返し、着地点を見失ったかに思えた今年の建築工事であったが、家族や友人の協力で、なん

助っ人で来てくれたナカヤマが、塗装が終わった板を縦方向に並べて張っていく。

とか本流まで戻ってくることができたように思う。

「はー。来年のクリスマスは、何やってんだろね？」

「まだ外壁やってたりして」

「嫌だ、それだけは嫌だ」

「くりすます、さんたさん！」

娘も年が明ければすぐ3歳。次の春には保育園に入園だ。さてさて、ここはペースを上げて頑張りますか!!

雪景色の中、どっしりとそびえ立つ我が家。どうです、なかなかカッコいいでしょ!!

# 第7章 ついに屋内へ！

2013

## 金森ストーブとの出会い

秩父地方の冬は寒い。凍てついた氷のような空気が頬と手を痛めつける。回転運動をする電動工具を使用するときは、巻き込まれる危険があるため手袋はつけない方が安全だ。正月を過ぎ、2月になってもまだ、日々俺は杉の板を建物おもて面に張り続ける作業に没頭していた。

「ひーー、さみいよー」

防寒ジャンパーの襟をかき寄せ、冷たい風でガサガサに冷えきった手をこすり合わせながら、外壁工事の作業を進める。

「長さを測る」

「板を切る」

「釘を打つ」

やるべき仕事は基本的にこの3つだけだ。無心に手を動かし続ける。張り付けるのは塗装済みの外壁板で、窓周りなども完成済みなのだから、作業が進めば、それだけそのまま完成した家の姿に近づいていく。

「どんどん家らしくなってくるな」

非常にシンプルな作業だが、明らかに建物の外観が、完成形へと進んでいく作業はやっていてとても楽しく嬉しい。ただし厄介なのは、窓周り。テトリスのパズルピースのように板を複雑な形にくり抜いて張らなければならないのだ。

「なになに右に8cm切れ込んで、下に58cm行って、左に10cm戻ると」

メジャー片手に導き出したパズルピースの形に板を切る。まあしかし、だいたい合わないのだ。

「グワー、切りすぎたー」

「おーおー、寒い中やっとるねー」

でかい鍋を抱えて、嫁と娘がやってきた。どうやらもう昼を回ったようだ。

「とーとー、おうどんだよー。やきいももあるよー」

「おーいいねー」

この冬、作業現場のあまりの寒さに耐えかねて、屋外で使える薪ストーブを導入した。そう書くとカッコいいが、実は買ったわけではない。屋外用の簡易タイプとはいえ、厚い鉄板を組み合わせた薪ストーブはとても高いのだ。ではどうしたのかといえば、借りたのだ。無料で、無期限で!!　貸してくれたのは能登の鉄工所「金森ストーブ」の金森社長であった。

話は10日ほど前に遡る。俺は外壁の作業と並行して、今後始まる屋内の壁や床の作業計画を立て始めていた。床骨組みの材木の数や、壁の下地に何を使うかを検討するうちに、そろそろ将来導入するストーブの大きさや重さの資料も必要になってきた。そこでいくつかの薪ストーブ製作会社をインターネットで検索し、設置のための資料とパンフレットの発送をお願いしたのであった。

数日の内に、ストーブ各社のパンフレットが入った封筒が、アパートのポストに届き始める。ここまでは当たり前の展開だったのだが、1社だけ、何をどうしたのか大型資材専門の配送会社を使って、重く

金森ストーブでうどんを温める嫁さん。
冬の作業では本当に助かった。

て巨大な箱を送ってきた会社があった。それが「金森ストーブ」金森社長との衝撃的な出会いである。

巨大な箱の中には、黒く重厚な鋼鉄製のストーブと、申し訳程度に小さなパンフレットが入っていた。頭の中をクエスチョンマークでいっぱいにしながら、配送伝票に書かれた電話番号に電話をかける。

「はい、金森です」

「すいません、長瀞のサカグチと申しますが」

「おー、サカグチさん。届いた？　どう？」

こわごわかけた電話の向こうですこぶる嬉しそうな男性の声。この人が金森ストーブの社長、金森さんであろう。

「いや、届いたのは届いたんですが、お願いしたのはパンフレットですよ」

「あー、いいのいいの。現物を見てもらった方がよくわかるでしょ」

「いや、お会いしたこともないのに、そういうわけには……」

「それ、屋外用の簡易タイプで試作品なのよ。好きに使っていいから」

そうはいっても職人さん手作りの薪ストーブである。安かろうはずもない。

「それに、これ高いんじゃないですか？」

「気にしなくていいよ。無期限で貸しとくから、いらなくなったら返してね。じゃ」

そういうと、金森社長はあっさり電話を切ってしまったのだった。ショベルカーの兄ちゃんもそうだが、世の中にはなかなか豪気(ごうき)な人がいるものである。

## 塗り壁、どうする？

そんな経緯で我が家にやってきた小型薪ストーブ。筐体(きょうたい)の鉄がとても分厚くしっかりしていて蓄熱効果が大きいので一度本体が暖まると、いつまでもじんわりと暖かい。もちろん天面でうどんやおでんなどの煮炊きもできるし、火室の中にアルミホイルに包んだ芋を放り込めば、焼き芋だって簡単。暖まるだけでなく、工事現場の食事事情をも大きく改善してくれたのだ。

「あーうどん、あったまるねー。助かるわー」

「おいも、まだー」

「まだダメ！　まずは、ご飯食べてからです‼」

休憩場所に火の気があるのは非常にありがたい。杉や檜の端材は山のようにあるのだが、作業中の焚き火はちょっと怖いので遠慮していたのだ。その点、鉄の箱の中で火が燃える薪ストーブなら比較的安全だろう。でも、いつまでも火をいじって作業を再開できないのが困ったところだけどね。

ストーブの炉内で焼き芋を焼く。娘が大喜びだ。

「そろそろ、外壁張りも終わりでしょ？」

「ズルズル。そだねー、来月後半には次の作業に移れるかな。ズルズルー」

「いも、いもー」

杉板の張り付けが終われば、次は外壁上部の塗り壁が始まる。

「でも、今のままじゃ塗れないよね？」

「ああ、そろそろ、そっちの下準備も始めなきゃなー」

我が家の外壁の下2／3は杉板張り。そして上1／3が「漆喰塗り」で仕上げることになる。しかし現在、漆喰壁になるスペースには何もなく、相変わらず間柱が立っているだけなのだ。

「あそこは、このあとどうなるの？」

「正式に作るなら、竹小舞（たけこまい）に土壁だけどね」

古来、漆喰壁の下地は「竹小舞土壁」と相場が決まっている。ちなみに「竹小舞土壁」とは、細く割った竹を格子状に密に組み、そこに藁（わら）すさを混ぜた土を塗り重ねて作る土壁で、耐火、耐水、断熱に優れる左官職人の技術の粋を詰め込んだ一品なのだ。

「でも俺に、そんな大層なもの作れると思う？」

「いいえ、思っておりません」

「普通にやるなら、ラスモルタル下地だね」

「ラス……何？」

「ラスモルタル下地」とは、板の上に防水紙を貼り、その上にラス網と呼ばれる金属の網を取り付けるのだが、この網が土壁の竹小舞と同じような役目を果たす。そして仕上げに、セメントモルタルを塗り、壁として仕上げるのだ。モルタルが乾けば、それだけでも壁として使えるが、さらに上から漆喰や塗料などを塗って仕上げることも多い。

「じゃあ月が変わったら、準備を始めようか。ズルズルズルー」

「おいも、まーだー？」

## チクチクとの格闘、そして入園式

ようやく春の気配が色濃くなり始めた3月半ば、長かった外壁の板張り工事が終了した。窓工事への寄り道が始まったのが梅雨前なので、10カ月近くもかかったことになる。

「残るは上1／3の塗り壁。何としても早く終わらせたいな」

まずは間柱が立つだけの塗り壁スペースに、下地となる板を張ることにした。板は何でもいいみたいなので、ここは当然一番安い野地板をチョイスする。あと必要なものは防水シートとラス網。ラス網はどこに売っているのかわからない。ひとまず西山材木店に行ってみよう。

「野地板と防水シート、お願いします」

「ほうほう、やっと壁板終わったんだねー。次は塗り壁の下地かい？」

「はいそうです。ところで西山さんのところでラス網って売ってます？」

「いやーうちじゃ、扱ってないね。たしか駅近くの金物屋にあったと思うよ」

若社長が電話で確認してくれたので、その足で金物屋へ。

「あのー、材木屋の西山さんに紹介してもらったんですが」

「あー、聞いてるよ。ラス網ね。ほら、用意しといたよ」

ありましたありました、巨大な束で。適当に数枚買ってみるが、なんだかチクチク刺さるし、互いに引っかかるし、引っかかって曲がると戻らないし、なんとも取り回しの悪い感じ。

「なんか、引っかかったら取れなくて、持ちづらいですねー」

「ははは、そりゃそうだよ。その形に意味があるからね」

ラス網は塗り込められた重いモルタルを、網の目で保持するのが本来の役割。引っかかりまとわりつく形状が大切なのだから、文句を言ってもしょうがない。

なんとか車に積み込んで、嫁の待つ建築現場へ。

「10㎝間隔で留めろだってさ」

「上下左右に？　結構な数のタッカー打つのね」

　モルタルの壁と建物本体を接合するのは、この巨大なホッチキスの針だけなのだ。

「でもまずは、野地板からでしょ？」

　その通り。間柱が林立する空間に野地板を張り付け、塗り壁のベースを作る。ここで厄介な作業になりそうなのは、東西両面の壁。南面は真四角の普通の壁なので良いのだが、東西両面は「妻壁（つまかべ）」になるので、壁の上部は屋根の形に三角形になる。

「これはまた、ややこしい形ね。面倒な作業になりそうだわ」

　眉根を寄せながら、嫁がつぶやく。そうなのだ。いちいちハシゴを伝って上にあがり、必要な板の長さや角度をメジャーで測っているのだが、その数値を参考に切断

奈良から駆けつけてくれた父が、ラス網張りに奮闘中。

した板を、いざ張ろうとすると何が問題なのか、形や大きさがフィットしてくれない。

妻壁は高いところで地上5m。単管パイプで組んだ足場の上までハシゴの上り下りは結構なめんどくささだ。

「うーん、引っかかって入らないよ」

「ええーい、切り直してくる」

ガタガタとハシゴを駆け下り、引っかかった場所をノコギリで切断。再び上にあがって突き合わせる。そして下地の野地板を張り終わったところから、おなじみ防水紙の貼り付け。続いて、ラス網の取り付けと面倒な作業は連日続く。そして4月に……。

「はあーあ。今日もあの、合わない板やらチクチクの金網と格闘か……やだなー」

「何言ってんの、今日は自分の娘の入園式でしょ!!」

「ほっいくえん？　ほっいくえん？」

嫁と俺が2人掛かりで悪戦苦闘すること1カ月。季節は瞬く間に移り変わり、長瀞の山里は春真っ盛り。地鎮祭のときはまだ0歳だったうちの娘も、今はもう3歳。本日、めでたく保育園にご入園。時を同じくして、嫁も地元の福祉施設への就職が決まっていた。

この年、初めてサクランボが実った！

「へ？　入園式に俺も行かなきゃダメなの？」

「あったりまえでしょ！　あんたカメラマンなんだから！　ちゃんとカメラ持ってきてよ」

地鎮祭からはや3年。刻（とき）はちゃくちゃくと進んでいるようである。

## 助っ人とモルタル塗り

梅雨が明け、夏の観光シーズンが近づく長瀞。長かった我が家の外壁作製も、ここからいよいよ大詰めへと入っていく。

「さて、いよいよ左官の作業かー」

漆喰仕上げの下地として、これまで野地板の上に骨組みとなるラス網を張ってきた。そこへまずはモルタルを塗って下地を完成させたい。用意するのはセメントと砂。そして外壁用ということなので、混和材として「セメント防水剤」なるものも用意してみた。混ぜると接着力と防水性がアップするそうだ。

「カツミ、これエライしんどいやないか……」

本日、はるばる奈良から鉄道を乗り継ぎ、再び長瀞へとやってきた実父マサルを、これは良いところに来たものだとこき使い、モルタル練りをスタート。トロブネというセメント練り用の桶にセメント1、砂3の割合で投入し、適量の水と防水剤を加えたあとは、鍬でひたすら練り続ける。砂利の入るコンクリに比べれば、モルタルは十分軽いのだが、それでもやはり重労働。

「おい年寄りをこき使うなや。俺は、孫の入園祝い持ってきただけやで」

「まあまあそう言わないで。孫の新しいお家、早く作ってやりたいでしょ」

左官作業は時間との闘い。作ったモルタルはぼやぼやしていると固まってしまうし、同じ面の壁を日をまたいで作業すると、当然モルタルに境目の筋ができてしまうのだ。

ラスモルタル壁の塗り方だが、2度塗りが基本となる。まずは今張ってあるラス網の裏側に入るように力強く塗りつけていくのだ。ここで綺麗にできないと、次の「2度塗り」や本番の「漆喰塗り」を美しく仕上げることができない上に、塗り壁本体の強度が下がり、最悪の場合、剥落（はくらく）、落下という危険もある。

「そうは言うけどなー、お前これ、足場は高いし大変やで」

そうなのだ。我が家の塗り壁部分は、外壁の上部1／3。足場の板は、地面から3mより上に存在する。南面と西面は単管パイプの足場があるのでまだましだが、東面は足場を作っていないので、脚立の上での塗り作業になり、さらに大変だ。

「俺も、もうすぐ古希やからな。あんまり無茶できへんで」

「いやいや、まだまだお元気で。はい、お代わりのモルタルどうぞ」

トロブネからコテ板にモルタルをのせると、エッホエッホと脚立を上って上空3m

に到達。ペタペタと塗っていくのだが、コテ板の上にのる程度のモルタルなど、あっという間になくなるから、今度はホイホイ下りて、モルタルのお代わりをすることとなる。これはなかなかしんどい。

「しかし我が父ながら、思っていたよりも下手だねー」

「ほっとけ!!」

コテさばきのコツは、一定の角度と強さを保ったまま、大きく伸びやかに動かすことなのだ。そして綺麗に塗れると気分が良い。悪戦苦闘している親父を横目に、ねっとりと塗り込む。

一度目のモルタル塗りは親父の奮闘もあり、数日で完成。モルタルは十分に乾き硬くなったように見える。さっさと2度塗りを済ませたいところだが、モルタルを数日おくと、あちこちがひび割れてくる。そこからさらに数日おくことで、モルタルは落ち着き、これ以上動くことはなくなるという。そうしたらこの上に2度目のモルタルを重ね塗る。すると、壁としての強度と防水性が期待できるのである。

## 漆喰をぺたっと

2度目のモルタルを塗った数日後。今度は、いよいよ本番の漆喰塗りが始まる。

「よー名前は聞くけど、漆喰って、そもそも何やねんやろな？」

相変わらず親父を手伝いにこき使う。ではここで漆喰のウンチクを。

「漆喰の主成分は水酸化カルシウム。俗に言う消石灰ってやつだそうな」

「おー運動会のときとかに、グラウンドで白線を引くのに使てたわ」

小学校教諭だった親父が懐かしそうに思い出す。

「そうそれだね。でも今は強アルカリで危ないから、学校現場ではダメなんだって」

「そやろな。あれ手とかについたら荒れるし、目に入ったらエライ痛いんや」

この消石灰に海藻由来の糊と、つなぎとして麻の繊維を混ぜ合わせ水で溶いてできるのが漆喰なのだ。防水性、防火性が高い上に仕上がりも美しく、古今東西、建築材料として大変人気で、伝説のバベルの塔や縄文遺跡の遺物にも使用された痕跡が残っているとかいないとか……。

さて、そんな素晴らしい建材の漆喰だが、その効能を十分に発揮するためには、ある程度の厚みをもって施工せねばならない。当然、何度も塗り重ねるのだが、お金も

簡単練り済み漆喰をコテ板にのせる嫁。
ネットリしていて塗りやすい。

かかれば手間もかかるということで、うすーく2度塗りすることにした。

金もケチりたいが、手間もケチりたい俺は、ネットで安売りをしていた「簡単練り済み漆喰」というものを大量購入した。というのも、さらさら粉末の漆喰粉を水で溶いて、ちょうど良い漆喰を作るのは、なかなか難しく技術が必要なのだ。

「そんな不安も、練り済みのこれを使えば問題ないってことだね」

「おーなんか、お好み焼きのタネみたいで美味そうやな。キャベツとか入れとなるわ」

安っぽいビニール袋に入って送られてきた漆喰を、コテ板に出すとボテッとペースト状でなかなか色っぽい感じ。指にとって舐めたら甘そうだが、そんなわけはない。コテにとりべたっとモルタル壁に塗りつけると、すっとコテが伸びる。

「へーちょうどいい粘度だね。こりゃ気持ちいいや」

モルタルと同じく、数日かけて2度塗りしていく。東の妻壁が終わり、南の壁を足場に腰掛けて塗る。最近は高所作業にもだいぶ慣れた。プラプラと足を振りながらの作業は、なかなか気分が良い。最後は西の妻壁。急造した玄関

足場の板に腰掛けて漆喰を塗る嫁。みんなすっかり高所に慣れ親しんでいる。

ポーチのひさしはちょうど良い足場になり、作業は捗る。

## 外回りの完成！

「おー、お疲れ様です。綺麗に終わりましたねー」

仕事帰り、保育園に迎えに行っていた嫁が、娘をつれて遊びにやってきた。

「おー、ハルちゃん。じーじ、頑張ったでー」

「じーじー、ありがとー」

「ちょっとちょっと、俺も褒めてよー」

地鎮祭から4回目の夏が、あっという間に半ばを過ぎようとしていた。今年の荒川の川下りは活況を呈しているそうだ。嫁の手土産はアイスクリーム。すっかり屋根と壁に覆われた我が家の室内は、夏の3時の休憩にピッタリの涼しさだ。

「やっと、外側にけりがついたねー」

長かった我が家の外壁工事がついに終わりを迎えようとしていた。春の嵐に耐えて屋根を仕上げたのは昨年の春。窓のあいみつをとったのは梅雨明けか？　ミキサー車を呼んでコンクリートも打ったし、玄関のドアも作った。人生初めてショベルカーに乗ったのは秋の終わり頃。苦しかった水道工事……。支離滅裂に作業は広がり、自分でも何を作っているのかわからなくなったこの1年あまり。ついに季節は一回りをし、

「屋根と壁」我が家の外回りが完成しようとしていた。

これで、嵐が来ようが、大雨が降ろうが、建物の中は安全空間（のはず）。構造材の水濡れも、置きっ放しの工具や資材の心配も、もういらないのだ。

「そしてここまでくれば……もう、できるよね」

嫁がアイスを頬張り、嬉しそうにつぶやく。そう、ここまでくれば、もうさすがに我が家の建築作業が、途中で頓挫することはないだろう。時間とお金があとどれだけ必要かはわからない。疲れて停滞することもあるだろう。しかし「ここまでくれば」あとは地道に作業を続けていれば、いつかは家が完成する。

皆が談笑する室内を出て（玄関から！）、少し遠くの小道から我が家を見上げてみた。夏の青い空、でかい入道雲。蝉の声がこだまする濃い緑の山をバックに、白と茶色、ピッカピカの我が家がドッシリと佇んでいる。

「どんなもんだい」

誰にも聞こえない小さな声で、ちょっとだけ自慢した夏の昼下がり。作業はまだまだ続くのだ。

## 床を支える不良在庫

屋根と壁ができ窓やドアが入った我が家の外観は、すっかり普通の家らしくなったのだが、中に入れば、いまだコンクリ基礎の地面が広がり、柱や梁の骨組みがむき出しの状態だ。各部屋へ進むには、「よっこらしょ」と基礎の立ち上がりをまたいでいかねばならない。40歳の大台を超え、腰も膝も非常に疲れる今日この頃なのだ。

「はー、設計してた頃は30代だったのにな。ま、何はなくとも床を作ろう！」

床がなくては、他の屋内工事も捗らない。早期の床完成に向け、まなじりをきりりと決して、宣言する俺であった。

さて、まず用意するのは「大引」。基礎の上に組まれた土台に渡して床のベースとなる重要な部材だ。必要本数

## 床の構造

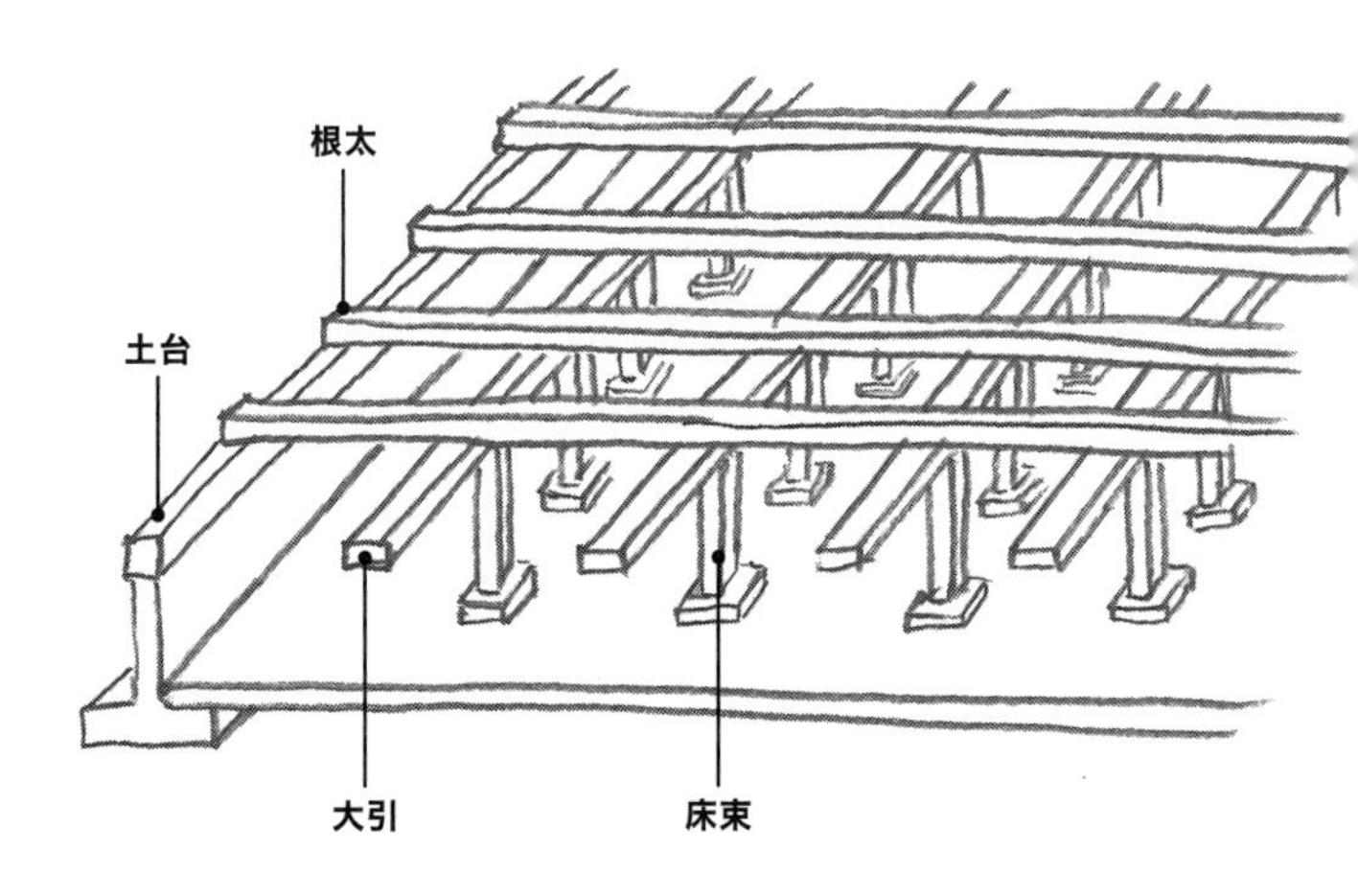

を数え、西山材木店に発注すると、翌日には到着した。久しぶりに届く大量の角材に少し興奮する。

作業としては、材木を必要な長さに切断し、両端を土台に接続する。土台と大引の天面を揃える場合は「蟻掛け」の仕口を使うことが多いようだが、今回は却下させていただこう。

「なんでよ？　すごく重量かかるところでしょ。大丈夫なの？」

「ふふふ、実は今回も秘密兵器が登場するんだぜ」

「へー、また余計なもの買ったの？」

嫁の嫌みは気にしない。女に「男のロマン」はわからないのだ。俺の最近の流行りは、ネットオークション。暇さえあれば、工具や建築資材のお買い得品はないかと漁っているのだが、先日見つけたのだ。非常にタイムリーな商品を。

「その名も〝カネシン大引き受金物3寸角用〟!!　しかも段ボール1箱分＝我が家1軒分（4個ほど余った）だぜ」

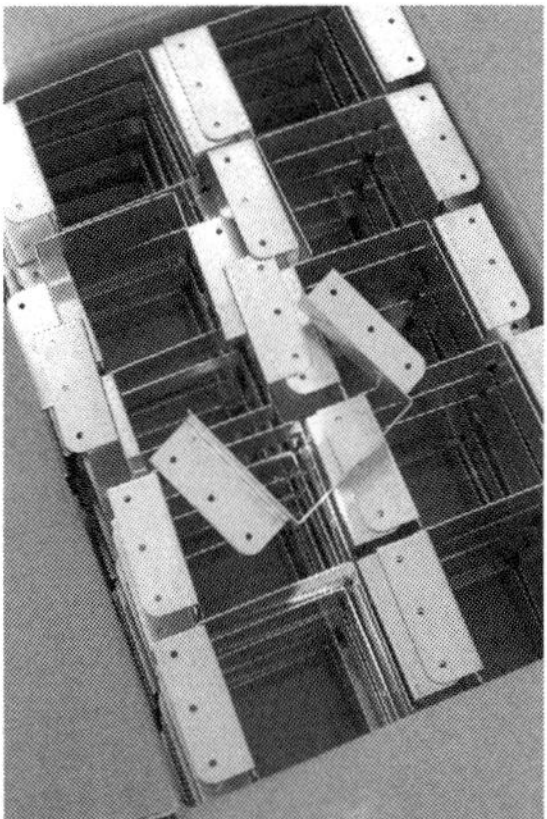

ネットオークションで手に入れた大引受け金物の山。

おそらくどこかの工務店の不良在庫だったのだろう。落札開始価格は目を疑うほど格安だった。「これは競り落とすしかない！」と意気込んで落札価格の推移を見守っていたのだが、誰も欲しい人はいなかったらしい。結局、最安値であっけなく俺が落札。

「ネジだけで、大引が取り付け可能なんだよ」

「へー、珍しく良い買い物したんだねー」

相変わらずトゲのある嫁のセリフは無視して、大引の取り付けを始める。大引両端と土台への仕口の加工がいらないおかげで、あっという間に取り付け工事は進捗する。

「でも、なんか弱くない？　結構な長さが宙ぶらりんだよ」

土台と土台の間の距離は最長で３ｍ以上ある。嫁の指摘した通り、その間に渡した大引は、このままでは宙ぶらりん。９㎝角の杉くらいでは上にのると簡単にたわんでしまうのだ。

当然これだけでは、床のベースとしては弱すぎる。では、どうするのかというと束を立てる。昔だったら短く切った角材を束としたが、湿気の多い床下を考慮して最近では金属やプラスチックの床束が多種類、発売されている。技術の拙いセルフビルダーにとってこれの良いところは、その耐腐食性よりもその伸縮する機構。当たり前だが、束は地面と大引の間で突っ張るように入っていないと意味がない。しかし歪みの出やすい材木でこれを実現するのは結構難しい。入れたときはちょうどよくても、大引が上に反ったり、束が縮んだりしたら、宙ぶらりんに逆戻りなのだ。そんなとき、長さ調整ができ反りも出ない工業製品の束は大変強い味方なのだ。

## さらなる不良在庫

「でも、そんなのまた高くて買わないんでしょ。どうせうちは宙ぶらりんなのね」

「安心するがよい。そんなこともあろうかと。これを見よ!!」

「!!!」

そこには、これまた段ボール箱一杯に詰まったプラ束の山が。

「どうしたの、これ!?」

足場の資材を格安で譲ってくれた嶋田のおっちゃんの友人で工務店経営者の大山さんが、ある日突然持ってきてくれたのだ。

「これ、在庫にしておけば次の現場で使えるんじゃないんですか?」

「それはそれで、経理とかいろいろと面倒なのよ。捨てるぐらいだから、もらっとけ」

「それは、もちろん助かります!!」

会社経営の複雑な仕組みはよくわからないが、俺にとって問題なのは床の骨組み。

ありがたく使わせていただくことにした。ちなみにこのときもらったのは、城東テクノの「ゆかづか合板タイプブラック」。買えば1個1000円はくだらないであろうそいつが、「家1軒分」段ボール箱に山積みなのだ。「ありがたやーありがたやー」。大山さんの家のある東へ向かって、手を合わせる俺であった。

大量に手に入ったプラスチック製の床束。これの大引への取り付け間隔は、おなじみ91㎝。プラスチックでできた本体の上部に合板の板が取り付けられているので、ここにビスを打ち込み、裏から大引へ緊結。カチッと本体のネジを回せば、束は伸びてコンクリート基礎側との間に突っ張り、上からの荷重を受けるのだが、これでは大引が上に反ると対抗できず浮いてしまう。ではどうするか？　地面側はコンクリートなのでビスを打つのは難しい。そこで登場するのが「1液型ウレタン樹脂系接着剤」。なんだか、厳しそうな名前だが、ホームセンターに売っていた商品名は「床職人」。ちなみに他にも「床いちばん」や「床棟梁」というライバルがいるらしい。「床職人」をムニムニッと床束の裏に塗りつけて、ネジを回して突っ張ると大引がピシッと安定するのがわかる。

手応えのある作業というのは、やっていてもやはり楽しいもの。嬉しくなって大引取り付け作業は着々と進んでいく。そして3日目の夕方。この日は仕事だった嫁が、保育園へのお迎え帰りに、建築現場へ遊びにやってきた。

「ねえ、ちょっと後ろを見てごらんよ」

黙々と続けた作業の手を休め、ふいと振り向く。そこには、整然と横一直線に大引が並び、窓越しの夕日を浴びてオレンジ色に輝いていた。今までは間取りの形に合わせて、複雑に入り組んでいた濃いグレーのコンクリート基礎と土台。そこに大引が加わり、美しい秩序が生まれていた。

「やあー、なんだか綺麗だなー」

「うん、きれー」

長年、屋外同然のところに放置され、雨が降ると池のようになっていたコンクリート基礎の内部は、泥と木屑（きくず）が堆積し、なんだかちょっと嫌な感じだった。その上に、サッサッサッと平行に並ぶ真新しい杉の大引。ぼんやりとだが、床のある情景も見えてきた。そしてその景色の先には、新しい家で始まる新しい暮らしがあるのだなー。

大引を下から支える床束は、本当の意味で「縁の下の力持ち」なのだ。

## 水道工事、カチッ

しかし現実には床はまだない。整然と並ぶ大引は、屋内を動き回る俺にとっては、その都度乗り越えなくてはいけないハードルそのものなのだ。

「これじゃ毎日、障害物競走だよ……」

エッチラオッチラと、脚を大きく上げ下げしての移動に飽き飽きしていた俺としては、さっさと床を完成させたいところなのだが、やはり先にやっておかなければいけないことがもうひとつあるのだ。それは何か？　またしても水道配管である。

残念ながら、水道配管に良い思い出は全くない。しかしここまで来て、水道屋さんに配管を依頼するわけにもいくまい。部材を求めて、河内電設の社長さんを訪ねる。

「床下の水道管を配管したいんですが」

「おー、そこまできたんか。頑張ってるじゃないか」

久しぶりに会う河内電設の社長は、嬉しそうに歓迎してくれた。金にならない客で申し訳なくなる。

「それで上水と下水、どっちから始めるんだ？」

言うまでもなく水道には上水と下水がある。素人にどちらの工事が楽かは言うまでもない。水圧でカーブも登り坂も関係のない上水道の方が「水漏れにさえ気をつければ」ずいぶん簡単で気楽なのである。

「上水から始めます。やっぱり塩ビ管がいいですか？」

「最近は新しいのも出てるからな。床下の配管ならこれが簡単だぞ」

そう言って社長が勧めてくれたのが「架橋（かきょう）ポリ管」による工法だ。

「へー、結構柔らかいんですね」

「そうそう、そこが楽なところよ」

難しい材料工学はよくわからないのだが、硬質な手触りの塩ビ管と違い、架橋ポリ管を触った感じは、明らかに柔軟性がある。そのうえ耐久力に富み、施工が簡単という優れものらしいのだ。

「その分、高いんじゃないんですか？」

「そりゃちょっと高いけど、お前、床板を張り終えたあとの工事やり直しは嫌だろ？」

これが屋内配管にオススメの架橋ポリ管と専用継ぎ手。

「うぐ、それは絶対に嫌です」

「架橋ポリ管」は管自体を曲げられるので、方向転換する場所にいちいち継手を入れる必要がない。また接着剤と継手を多用して配管する塩ビ管に対し「架橋ポリ管」は規格品のソケットで接続するので、それだけ水漏れ事故の起こる心配は非常に少ないのだ。

「それに冬の凍結にも強いからな。塩ビ管が床下で凍結して破裂したら悲惨だぞ」

「ぜひ、架橋ポリ管でお願いします」

河内さんのところで扱う「架橋ポリ管」はセキスイ製「エスロカチット」。ただし規格品なので、どのメーカーでも互換性がある。施工は本当に簡単で、管を必要な長さに切断したら、専用のソケットが付いた継手に「カチッ」とはめるだけ。文字通りカチッと音がするのが合図らしく、確実につながったのが素人にもわかりやすい。水の通るパイプの外側に断熱材の筒が最初から付いており、その色も水用が青、温水用がオレンジと分かれているのもわかりやすい。

ちょっと奮発したおかげで、配管施工自体は楽で良いのだが、どこに出口を設けるかは綿密に計画しないと、あとあとの増設は簡単にはできない。

「トイレにも手洗いつけてよ」

「はいはい」

カチッ。

「洗面所、なんで水だけなのよ」

「えー、水だけでいいじゃん」

「冬、冷たい水で顔洗うとお肌に良くないのよ」

「はいはい」

カチッ。

嫁の監視のもと、各部屋に水道の出口を設置していく俺であった。

「忘れがちなのが洗濯機。ちゃんと壁につけとかなきゃね」

カチッ。

設置場所の選定と同時に気をつけなければいけないのが、枝分かれのしすぎ。1本のルートからどんどん枝分かれすると、そのルート内の複数の蛇口をひねったときに水圧が極端に下がるのだ。そこでスタート地点で、いくつかのルートに分け、使用状況を想像しながら、ルートごとに分岐点を作っていくという深謀遠慮（しんぼうえんりょ）が必要なのだが、そんなことはお構いなしに、嫁の指令は続いていく。

「あー、あとキッチンに食器洗い乾燥機欲しいから、台所にもう1個追加ね」

「はーーーい」

カチッ。

## 下水配管は慎重に

この年のカレンダーも、残すところあと1枚という季節がやってきた。思い出されるのは、ちょうど1年前の苦しい苦しい下水配管。あの冷たい雨に打たれた溝掘り作業から、季節はあっという間に一回りし、再び下水の配管工事が始まる。

「あのときの教訓を胸に、頑張りたいと思います」

嫁にそう宣言した俺の足元には、河内電設の社長が用意してくれたＶＵ管と接続継手が山のように積まれている。ＶＵ管の径は40、50、65、75。これを床下各所の流量に応じて配管していく。

屋内配管の場合、管は床下の空中を這い回ることになる。そんなこと当然不可能なので、金具で要所要所を固定するのだが、この固定方法、通常の住宅だとコンクリート基礎に橋脚のように金具を据え付けて管をのせるのが一般的だ。しかしコンクリートにドリルで下穴を開け、そこにネジを打つのは結構めんどくさい。そこで、土台・大引の木材にネジを打ち金属のアームで固定する吊り下げ方式を採用することにした。

「それでまた、水勾配いるんでしょう？　いくつ」

嫁の脳裏にも、昨年の苦しい作業が思い出されているのだろう。慎重に聞いてくる。

管の径が細いほど勾配は急になるらしく、水勾配の目安は「1／直径」が基本らしい。

「1／50～1／100ってとこらしい」

「そうは言っても、やっぱり材木へのネジ打ちで管の高さを決められるのは楽だわ」

「土を掘ったり、盛ったりで角度調整しなくていいもんね」

今回の配管工事では、屋外のときに苦労した角度をつけた状態で管を固定する作業が「水準器をポンッと置いて、はいネジをガガガ」と一瞬で終わってしまうので非常に簡単である。ただし今回使用する管は細いのと、基礎コンクリートの立ち上がりを縫うように、カーブを多用して配管していくので、詰まりに気をつける必要がある。

勾配も、もちろん大切だが、詰まりのポイントとなりやすい継ぎ目とカーブをなるべく減らす配管計画と丁寧な接続工作が重要だ。風呂や洗濯機、洗面所などから入り込む体毛や砂粒、台所からの食品クズと油は、配管詰まりの大敵なのだ。ここで気を抜くと、将来、暗くてジメジメした床下で虫に悲鳴をあげながらの水道修理が待っている。ここは慎重に施工しなければならない。

ただし我が家の場合、トイレは外壁際にあるので、トイレ配管は外の本管に直結している。なので床下に張り巡らせる今回の配管工事では「ウンコ」を考慮しなくていい。これは、やったことのない人には理解が難しいかもしれないが、相当気が楽になる要素なのだ。やはりインパクトが違うのだ、「ウンコ」とは……。

## 幻の床

寒い寒い12月の半ば。ようやく上下水道の配管工事は終わり、床下への憂いがなくなった。いよいよ床の工事を再開し、さっさと床板を終わらせてしまいたい。

前回、敷いた「大引」の上にのるのは「根太」。これの施工は難しいことはない。西山材木店から届いた材木を、必要な長さに切り揃えたら、ただひたすら、土台と大引の上に等間隔で並べ、上からビスを打ち込み固定していくだけだ。

「しかし、こりゃ歩きにくくてたまらないなー」

30cm間隔で敷き詰められた根太を跨ぎながらの移動は、今までよりも大変だ。

「えーい、上に乗っちまうか」

そろそろ、室内工事用の上履き（うわばき）が必要ということだろう。ひとまずは靴下だけになって根太の上を歩き回る。

「おお、これが完成したときの目線かー」

最近は嫁も忙しくて現場に顔を出す機会も減り、独り言が多いのだ。それにしてもコンクリートから50cmばかり上がっただけなのに、室内の見え方はずいぶんと違うものだ。

　ここで久しぶりに断熱材が登場する。床の断熱は、冬の寒さの厳しい秩父地方では結構重要なのだ。屋根のときと似たような形で根太と根太の間に詰めていくのだが、この場合は例によって、綿のようなグラスウールでは具合が悪そうだ。西山材木店の若社長に相談するとしよう。

「社長、床用の断熱材、いいのないっすか?」

「河内さんから、噂を聞いてたよ。進んでるね」

「いやー、恥ずかしいです」

「床の断熱なら、安いのは発泡ポリスチレンのボードかな」

　断熱材はふわふわ柔らかい「フェルト状」と板状に整形した「ボード状」に形体は分かれる。さらに材料で「無機質繊維系」と「発泡プラスチック系」に分かれるのだが、「発泡ポリスチレンボード」は「ボード状発泡プラスチック系断熱材」の代表選手だ。なんだか難しそうな名前だが、要は発泡スチロールの仲間ということだ。

「でも、あれって結構高いっすよね」

「いいやつはね。でも製法によるのよ。安いやつは安いよー」

足元の寒さは冬の大敵。断熱材をしっかり詰め込んだ。

「そうなんですか？」

建材用発泡ポリスチレンボードで有名なのは、青い躯体がカッコいい「スタイロホーム」。「押出法ポリスチレンフォーム」が正式名称で、目も細かくて密度が高く、硬くていかにも断熱性能が良さそうだ。しかし当然お値段も結構なものになる。次に社長が見せてくれたのが「ビーズ法ポリスチレンフォーム」を採用した「ＥＳダンマット」という断熱材。ピンク色のこいつは、びっくりするくらい軽くてサクサクな手触り。手荒に扱うと粉雪のように粒が飛び散る……。

「というか、これって発泡スチロールじゃないですか？」

「だからそうだって言ってるでしょ」

電器屋やアマゾンで買い物をすれば緩衝材に入ってくる、白い発泡スチロール。まさにあれ。いかにも安そうだが、値段は本当に安い。

「断熱性能は、どうなんです？」

「一般住宅なら、まあフツーだよ。フツー」

早速購入して根太の間に入れてみる。そのために作られた製品だから、30㎝間隔の根太の間にぴったり突っ張るように入るのだが、イマイチなんだか心配になる手応え。近い将来、人知れず床下に落下しているイメージがありありと浮かぶので、ストッパーを入れることにした。

「と言っても、根太側面にビスを打つだけだけどね」

そのネジに引っ掛けるようにESダンマットを入れる。ガンガン根太に打ち付けて、パコパコとダンマットを入れていくと、おお、なんということだろう、そこには一面ピンクの広い部屋が現れたではないか。

「おーこれは夢か幻か……」

って当然のこと幻なのだ。発泡スチロールの突っ張りと細いビスだけで支えられた幻の床。上に乗れば、当然抜けて落下するのでご注意ご注意。寂しく独り言で突っ込む俺であった。

### 煙突、いまだできず……

「とーとー、ただいまー」

まだ住むのははるか先のこととはいえ、子供が我が家の玄関から帰ってくるというのは気持ちの良いものだ。

「おー、お帰りー」

「とーとー、おねがいがあるんだけど」

「なんじゃい？」

「えんとつ、はやくつくってー」

「煙突だと?」

改めて考えてみれば、世の中はもうクリスマス目前。テレビからはひっきりなしに、クリスマスソングが流れていた。子供たちのヒーロー、プレゼントを持ったサンタクロースは煙突を通ってやってくる。保育園では当然そんな話も出るだろう。田舎とはいえ、最近は煙突のある家はそう多くない。しかし建築中の我が家の屋根には、銀色に輝く煙突がそびえ立っているのだ。子供心にもクリスマスに向け、期待が盛り上がる気持ちはわからなくもない。

「ごめんねー、煙突はまだ作れないのよ」

「なんでー?　サンタさんこれないよー」

屋根板に1mの長さの筒がぶら下がっているだけの我が家の煙突。将来は、これを延長して床上に置いたストーブにつなげる予定なのだが、ストーブどころか肝心の床がまだないのだから、煙突の設置工事などお話にもならない。

「サンタさん来ても、アンタここに住んでないでしょ。サンタさん困るじゃない」

最初に工事したときのまま、煙突はほったらかしになっている。

「あー、そっかー」

おー、ナイスアシストだ我が嫁よ。

「次のクリスマスまでには、煙突作るからね」

「そしたら、おひっこしできる？」

「うーん、頑張ります」

年が明ければすぐに、娘の4歳になる誕生日。保育園に通ったこの1年で体もずいぶん大きくなり、近隣に借りたアパートでの暮らしは、かなり手狭となってきていた。

「そろそろ新しい家に引っ越したい」というのは、我ら家族3人の切実な願いとなっている。なまじ外から見れば完成した家の形になっているのだから、なおさらだ。

「はー、来年中にこの家できるの？」

「いやー、わかんないけど。さすがに難しいんじゃない？」

「えーーー」

「まあそうよねー。これじゃあねー」

玄関土間から見渡せば、いまだ全ての柱と梁はむき出しのままで、家の反対側まで見通すことができるのだ。そして寒風吹きすさぶこの季節、断熱材の入らない壁に囲まれた屋内は、とても寒くてたまらない。

「でもこれから、床を張って内壁を作れば、だいぶ家らしくなると思うよ」

「どうせまた、トラブル続出で進まないんじゃないの?」

「わたし、はやくおひっこししたいー」

工事開始から4年。我が家の建築工事は、だいぶ計算できるところまで来ていると は思う。しかしまだまだ、どうやって施工したら良いのかもわからない大物が、いく つか残っているのも確かである。そんな難工事をくぐり抜け、果たして次のクリスマ スまでに煙突を作ってサンタさんを、我が家にお迎えすることはできるのであろうか。

「ねー、ととー」

「はいはい、なんですか?」

「あとね、きねとうすをつくって、おもちつきしたいの」

「あー、それくらいならなんとかなるかもなー」

建築4年目の年の瀬は、こうして暮れていくのであった。

# 第8章 ひたすら壁と天井

2014

**「倒壊してますよ！」**

「ジリリリリン！」

自宅アパートの一室で、早朝からテレビのニュースに釘付けになっていた俺と嫁と娘は、突然の携帯電話のベルにビクッと固まった。時間は朝の7時過ぎ。俺の知り合いに、こんな時間に電話をかけてくる人間はいない。かけてくるときがあるとすれば、それはよほど火急の用件があるときだろう。嫌な予感が心をよぎる。

「早く、早く出てよ」

「お、おう」

こわごわ携帯を手に取る。チラと目にした液晶表示には、建築現場の北隣、吉田さんの名前があった。どうやら、悪い予感は的中しつつあるようだ。胸にどんよりと黒い塊が膨れ上がるのを感じながら、携帯の通話ボタンを押し耳に当てると、

「サカグチさん。倒壊してますよ！」

衝撃の一言が、電話口の向こうから聞こえてきた。

「えっ！　えっ！　うちが、うちがぶっ壊れてしまったんですか？」

思わず大きな声で叫んでしまう。予想していた中では最悪のケース。携帯を持つ手は、ブルブルと震えていた。嫁と娘の視線が俺の耳元に集まる。

「とにかく、とにかく、すぐにそっちへ向かいます!!」

「いやいや無理ですよ。こっちもまだ外に出ることも難しい状況です」

「しかし、家が……」

確かに現場に駆けつけたくても駆けつけることは無理だろう。茫然自失でカーテンを開き、アパートの窓から外を見渡す。目に入るのは四方八方、全てが真っ白の世界。玄関ドアを出てすぐの所に置いてあったはずの車さえ、今はどこにあるのかわからない。秩父地方はこの日、1mを超える記録破りの大雪に見舞われたのだった。テレビのニュースでは、関東各地の大混乱の模様が切迫感をもって伝えられている。建物の上に降り積もる厚さ1mの雪の重みは、並大抵のことではない。倉庫などの倒壊のニュースも、少なくはなかった。そしてとうとう我が家も……。

「家じゃないです。家じゃ」

俺のただごとでない動揺に、電話の向こうの吉田さんは気づいたらしい。大きな声に、ハッと我に返る。

「家じゃなくて、裏に鉄パイプで屋根をかけてあったでしょ。あそこです」

どうやら俺は大きな勘違いをしていたらしい。

「あ、もしかして壊れたのは資材置き場ですか。家は？　家は無事ですか？」

「はいはい、サカグチさんの作ってる家は無事に建ってますよ」

その一言に、部屋の空気が一気に緩む。ホッと一安心。どうやら「引越し前に住むこともなく自宅が倒壊」という悲劇は、ひとまず免れたようだ。しかし、そうは言ってもまだ安心はできない。全体は無事でも、ぴょんと突き出た煙突や、玄関ポーチの屋根など、部分的に壊れている可能性は大いにある。それに、大量の材木を保管してある資材置き場が、屋根ごと潰れて、雪に埋没したのだとしたら、それはそれで一大事である。

「なるべく早く、そっちに行けるよう頑張ります」

「気をつけてくださいね。こっちもすごいから」

心配して電話をくれた吉田さんに礼を言い、俺は携帯の通話を切った。外ではアパートの住人総出で、駐車場の雪かきが始まろうとしていた。

「とにかく今は、車を掘り起こすことが一番でしょ」

「うん、そうだね」

「ゆきだるまつくるぞー、おー」

手に手にスコップを握りしめ、雪の山に挑むサカグチ一家なのであった。

## 雪かき大作戦

アパートのみんなが力を合わせた、必死の雪かき作業のかいあって、なんとか大雪の2日後には表通りまで車を出すことに成功する。しかし道路はあちこちで発生するスタックと放置自動車で大渋滞。無事帰れるかの不安もあるので、ひとまず俺1人で建物の安否（あんぴ）を確かめに行くことにした。

普段の10倍以上の時間をかけ、必死の形相でドライブを続けて、たどり着いた我が家。道から見える建物のシルエットに、大きな異変はなさそうなので、ひとまず安心する。

「しかしこれでは、近づくこともできないな」

我が家の前を通る町道は、車1台分の幅で除雪されてはいたものの、敷地には1mを超える厚さの雪が、そのまま壁のように残っている。連日の寒さで、雪は固く締まっているので、その上を歩いて玄関まで行くことはできるだろうが、それでは道が車で塞がってしまう。これはまず、駐車スペースを作るしかない。

アパート駐車場の雪かきで、すでにクタクタの俺であったが、家も頑張ったのだから俺も頑張るしかないだろう。すっかり持ち慣れた雪かき用スコップを存分にふるい、2m×5m、車1台が止められる大きさに雪かきを進めた。

車を敷地内に入れることができたら、今度は玄関まで小道を掘りつつ近づいていく。真冬の秩父地方。厚手のダウンコートを着込んでも、十分に寒い季節だが、すでに俺の全身は汗水漬く。はあはあと息を切らせ、なんとか玄関ポーチまでたどり着く。

雪をかき分け、ようやく触れた我が家の柱。屋根には当然大量の雪。おそらくは、相当な重量が、この柱1本1本にかかっていることであろう。しかし我が家は、どこかが壊れることもなく、どっしりと雪を受け止めている。

みんなで手分けして立てた多くの柱と、ウインチを駆使し頑張って引き上げた巨大な梁、苦労して苦労して作り上げた大きな屋根。それら全てがひとつになって建物に降り積もる大雪に耐えてくれたのだ。

「やあ、よく頑張って耐えてくれたよ」

愛おしげに柱をさすりながら、つぶやく。普段やっていたなら、かなりの変人だろうが、まあ今日なら許されるだろう。しかし、気を抜くにはまだまだ早い。家の周囲は1mの雪のまま。このまま放っておけば、建築作業も、資材の搬入も春まででできは

しない。資材といえば……、

「うお！　本当にペシャンコだ」

建物内部を通り抜け反対側に出るとそこには、はっきりと見上げるほど巨大な雪の山が、圧倒的スケール感をもってドッサと存在していた。数日前まで確かにそこにあったはずの、単管パイプの骨組みも、その下に置かれた材木の束も、今は見えない。資材置き場は、吉田さんがくれた緊急電話の話の通り、完全に押しつぶされているようだ。その上に積もった雪は、いったいどれだけの体積と重さなのだろう。

雪を掘って小道を作り、少し近づいて改めて観察する。柱に使っていたのは直径48・6㎜、肉厚2・4㎜の炭素鋼製単管パイプ。こいつは、手ではもちろん、道具を使ったとしても、折り曲げることなど、そう簡単にできはしない。その強靭なパイプが全て、見事なほどにグシャリと折れ曲がっている。そしてこの雪山の下には、当面使う予定の床下地の材料も埋まっているのだ。

「とにかくなんとかしなければ」と我が家を振り返ると、東の軒下に赤い物体がチラリと見えた。兄ちゃんが貸してくれたショベルカーは、その後も引き取りがないまま、我が家の軒下に置かれたままになっている。たしか燃料は満タンにしてあったはず。しかしバッテリーは大丈夫だろうか？

はやる気持ちを抑えながら、雪の壁を掘り進み、車体に積もった雪を振り払う。冷

大雪から2週間あまり。だいぶ落ち着いた頃に、娘と作った雪だるま。

雪が溶けると、その下からは無惨に崩壊した資材置き場が現れた。

たく冷えたキーを回してエンジン点火。寒い中でもバッテリーは無事だったらしい。キュルッキュルッとセルモーターが回る音が聞こえ、ドルドルドルッと黒煙を吹き上げてディーゼルエンジンに火が入った。次第に温まる車体から発する熱と小気味良いエンジンの振動が、落ち込みがちな俺の気持ちを奮い立たせてくれる。

「うおー、雪かき大作戦スタートだ」

わざと大きく声を出し、ショベルカーのレバーを引き絞り、最初の雪壁に猛然と立ち向かう。

ここから除雪と資材置き場の解体撤去の作業を続け、まともに建築工事を再開できるまでに、さらに10日間の時間を取られてしまった。ショベルカーとスコップで持ち上げ、運んだ雪はいったいどれくらいの量だったろうか。そして、それでも敷地の方々に、しつこく残る雪の山は溶けては凍りを繰り返し、そこらの地面をグズグズのぬかるみにしながら、春先まで俺を悩ませたのであった。

## 新たなるエア工具

床板を張るとき、下地の板を入れるか、そのまま直で床板を張るかで工法は変わる。手間を考えれば、直接床板を張る方が楽で良さそうだと思われるだろう。しかし、その場合は厚さ3㎝以上の床板を使う必要がある。分厚い無垢板の床は、カッコいいのだが、残念ながら非常に高価。予算の苦しい我が家の工事で、そんな贅沢はできないのだ。そこで下地用合板を一度全面に打つ「捨て張り工法」でいくことになる。

釘打ち開始。とは言っても「金槌（かなづち）で釘をトントンカンカン」ではらちが明かない。そこで活躍するのが、インターネットオークション大好きな俺が競り落とした、6000円の日立工機製エア釘打ち機NV50。

このエア釘打ち機は、7気圧もの高圧空気の力を使い、最大5㎝の長さの釘を材木へ一息に叩き込む圧倒的性能を誇る。金槌のトントンカンカンが、トリガーを引く指先の一瞬の動きで終わるのだ。

「すごいよねっ、エア工具は男心をそそるものがあるな」

「っていうか、かなり恐ろしい機械のような気がするのですが」

「大丈夫大丈夫。ふんふんふーん」

不安気な嫁を横目に上機嫌で作業する俺。その作動音もまた、ドシュッドシュッと迫力満点でカッコイイ。畳1枚分の大きさの合板の四辺を、10㎝間隔で釘打ちするのだが、そんな大量の釘打ちがあっという間に終わってしまう。しかしその

安全メガネをつけてエア釘打ち機で下地用合板を釘打ちする嫁さん。

素晴らしい威力の代償として、手に跳ね返る反動もまた、半端な強さではない。

「どわ‼」

「‼」

持つ手の力をしっかり込めて、ガッチリ本体を確保してからトリガーを引かないと、釘が材木へめり込まず、圧縮空気の力で釘打ち機本体が顔面向かって弾け飛んでくるのだ。

「そんな危ないもん、使わせないでよ‼」

「大丈夫だって。しっかり持ってれば。それに、金槌じゃ時間かかるでしょう」

「インパクトドライバーで、ビス打ちじゃダメなの？」

いや、それでも良いのだけれど。やっぱり実際に使用してほしいではないか、せっかく買ったのだから……。

いろいろ疲れる床の捨て張り作業だが、手間のかかる切り欠き作業に耐えて、時間をかけて頑張れば、それだけ足で踏みしめることのできる床が、ドンドンとできていく。この達成感は悪くない。今完成した床下地に座った感じは、数年後ここに暮らして座るその感じと同じわけなのだから。これは外側の工事が続いていた頃には味わえなかった達成感だ。

## 謎の多いトイレ事情

床の下地張りが終われば、その上に床板を張るのがプロの仕事の流れと思われるが、セルフビルダーにはまた別の事情がある。というのも今後、壁断熱、内壁作製、天井張り、台所やら風呂トイレに洗面所と様々な作業が目白押しなのだ。

「その前に本番の床板を張ってしまうと……」

「フツーはその上に、養生シートとか敷くんでしょう」

「そんなの、上でドタバタ工事してて、無事だと思う？」

「あー簡単に剥がれて、床板は傷だらけのドロドロ……」

嫁も納得したところで、床工事は一時中断。

「ということは、次は壁ですかね？」

「いやいや、そんなのより嬉しいのがあるのだよ」

「？？？　天井？」

「そんなワケないでしょ。これよこれっ!!」

そう言って俺が指差したのは、２台の便器。

「水道の配管が終わって、床下地もできた今なら、念願のトイレを入れられるのだ！」

「えー、この段階でー？？？」

そうこの段階で、いきなりトイレの施工というのは、プロのレシピにはないだろう。まさにセルフビルドならでは。現場ではこれまで、建築スタートと同時に河内電設さんに貸してもらった簡易トイレを、ずっと使い続けていた。しかし人から物を借りている身分でなんですが、その使い心地は快適とは言い難い。

「俺は、水洗トイレがずっと欲しかったんだ!!」

男サカグチカツミ、厄年42歳の心からの叫びである。

「そこまで言うなら、入れたらいいんじゃない」

ということで嫁の許可もおり、トイレ工事のスタートである。しかしなぜ2台も便器があるのか? そう、またしてもあの不良在庫を抱える工務店経営者大山さんからもらったものなのだ。

「でもこれ便器しかないじゃない。タンクと便座は?」

「うん、ない」

「ない???」

「なんかね、よくわからないけど付いてなかった」

どういう発注をすれば、タンクと便座なしで便器だけ在庫になるのか素人には不明

これがもらった便器。とりあえず床の上に仮置きしてみたところ。

なのだが、プロにはプロの都合というものがあるのだろう。しかし買えば1台3万円はするのだから、使わない手はない。

「でも、タンクだけって売ってるの？」

「うん、昨日見つけた」

「見つけた？」

しつこいようだが、インターネットオークションが大流行中の俺が、昨夜ネットを漁っていると、まさに今、欲しいものが出品されていた。

「INAX DT-V150U アメージュ便器用密結タンク新品」

世の中には、便器だけの不良在庫を抱える大工もいれば、トイレタンクだけをインターネットで売ろうとする人もいる。

「世の中って、不思議だね」

「あんたもタンクだけを購入する、相当不思議な人でしょ」

幸い他にトイレタンクを欲しがる人はいなかったらしい。落札ボタンをクリックしてから数日後、念願のトイレタンクが、商品名も鮮やかな新品段ボールのまま、自宅アパートに届けられた。届けてくれた運送屋の兄ちゃんは、顔には出さないものの、頭の中はクエスチョンマークでいっぱいだったことだろう。

## トイレが流れた！

ところで、もらった便器は2つある。そして都合の良いことに、我が家にもトイレは2カ所作る予定だ。普通の家の間取りだと、トイレは風呂の隣か、玄関ホール付近にあることが多い。俺の実家もそうだし、嫁の実家もそうだ。ただこれだと、結構使いづらいなと前から思っていたわけだ。住人からすれば、いつ客が出入りするかわからない玄関付近のトイレは入りづらいもの。逆に客からすれば、プライベート区域にある風呂の近くのトイレを貸してもらうのは結構気を遣う。そのようなわけで我が家では、玄関脇と奥の風呂横にトイレを作ることにした。

しかし残念ながらネットオークションでは、トイレタンクは1個しか出品されていなかった。今回はとりあえず、玄関脇のトイレを作ろうと思う。もう1個のタンクは、またそのときに考えることとしよう。

今回使用するトイレは「ＩＮＡＸアメージュＶ」。付属の説明書を読むと、まずは床板の上に飛び出た、塩ビ製の排水パイプに付属のアジャスターを接着するらしい。塩ビパイプの接着剤は一度くっつくと絶望的に外れないので、ここでの失敗は絶対に許されない。もしここでミスをすると、その周辺から〝いろいろ〟と漏れるかもしれないわけだ。「この隙間から……」、考えただけでも恐ろしい。

「慎重に、慎重に……」

ペタペタ、ギュッギュッ。アジャスターをはめると、そのまま付属のネジ3本で床板に留めつける。これで準備完了。あとはその上に便器を置くだけらしい。

「トイレって、ほとんど床に置いてあるだけなのね」

いつの間にか仕事から帰ってきた嫁が、興味深そうに覗き見している。便器をかぶせるようにセットすると、ネジ3本を使ってアジャスターに緊結。次にトイレタンクを便器の上に置いて、これもまたネジ2本で便器と緊結。続いて、近所の電器屋で買ってきた特売の「シャワートイレ便座」も、またまた便器の上に置いてネジ2本でセット完了。とめたネジの数は全部でたったの10本。これで温水便座付き水洗トイレの設置工事はあっけなく終わってしまったのだった。

ただし、これで工事の全てが終わったわけではない。なぜならまだ、水道につながっていないからだ。床板に出しておいた上水道の架橋ポリ管に、専用のソケットをつけて床に水栓金具を設けると、そこにトイレタンクとシャワートイレ便座から出ているホースをつなぐ。簡単に接続できるソケットタイプの継手なので、奥多摩の古民家リフォームをしていた数年前と比べて、さらに水道工事は楽になっているようだ。

そしてこれで全工事の完成。

「よーし、元栓(もとせん)を開けるぞ!!」

今まで閉ざされていた、家本体に向かう上水道の元栓を、声高らかに開栓する。

「おーーー」

「どうどうどう？」

「水、たまってるー」

「おーーー、水だー」

　真新しいトイレタンクの中に、清らかな水が奔流（ほんりゅう）となって注ぎ込まれていく。そして満タン。自動で水は止まる。

「おーーー、水が止まった！」

　ノブをひねってみる。便器の中に滝のように水が流れる。ドバーッ！！！

「おーーー、水が流れた‼」

　当たり前だ。当たり前だが、とてつもなく嬉しい。普段の暮らしで「当たり前」なことができるようになるのが嬉しい。そんなところも、セルフビルドの醍醐味（だいごみ）なんだろう。だってセルフビルドでは「当たり前」にうまくいくなんてことは、本当に珍しいことなのだから。しかしよほど水が流れたのが嬉しかったのだろうか。耳をすませ

さすがに便器だけでは使えない。このトイレだけ床や壁も一気に仕上げた！

ば、まだ水の流れる音が聞こえるような……。

「ちょっとー、こっちで水あふれてるよ!!」

「は？」

慌てて駆けつけると、洗面台予定地の床から噴水のごとく水が噴き出しているではないか。

「いけね、止水キャップに接着剤をつけるの忘れてた!!」

大急ぎで元栓を閉めに走る俺。ホント、セルフビルドはなかなかうまくいかないよ。

## それでもグラスウールを使う

内壁の作製を始めたいと思う。まずは、壁に入れる断熱工事からスタートだ。

前にも書いたが、断熱材には柔らかい「フェルト状」と板状に整形した「ボード状」の2種類がある。ここまで屋根と床の断熱材にはボード状のものを使用してきた。なぜかというと、屋根裏や床下に入れる場合は水平に使うので、施工の下手な俺がやれば、「フェルト状」断熱材は将来垂れ下がってきて、隙間風ビュービューになると思ったからだ。

しかしお値段最優先で建材を選ぶ我が家の工事なら「フェルト状」断熱材の代表格「袋入りグラスウール」をセレクトするのが本来のところと言える。ぶっちゃけ面積あたりの材料費の安さでは「袋入りグラスウール」に勝るものはない。ただし、安いものには相応のデメリットがあるのが世の常。「袋入りグラスウール」にももちろんいくつかの弱点はある。

まずは断熱性。これは高密度のボード系断熱材に比べると、やや分が悪い。

また施工環境の悪さも厄介だ。なにせモノが、破れやすいビニールの袋に入ったガラス繊維の綿なので、作業中は漏れ出てくる。これがチクチクとかゆいのだ。

そしてそれ以上に大問題なのが、施工の難しさ。ビニール袋に綿が詰まった状態のグラスウールは、そのまま壁に詰め込んで、タッカーで張り付ければ良いだけだろうと思われがちだが、そうではない。このガラスの綿は重力と湿気に弱いのだ。

まずは重力対策。これにはピシッと、まっすぐに留めること。綿状でフワフワなこいつは、それだけでは自立できない。このため袋の中でまとめられていて、その袋を柱に留めつけることで壁一面を覆うのだ。しかし年月とともに袋の中で、綿は下へと落ちてくる。それを防ぐためには、まっすぐピシッと間柱に留めるのが重要だが、これがなかなか難しい。

そしてもうひとつのポイントが湿気対策。生活空間である室内の空気には、膨大な水分が含まれている。これが温度差に影響されて壁内に結露を生む原因となる。結露で発生した水滴がグラスウールの綿の中に入ると、そこはカビの温床となってしまうし、水の重みで綿の落下に拍車がかかるのだ。これらを防ぐために、ビニールの袋をシワやヨレがない美しい状態で壁内に設置し、タッカーで留めた後に、気密テープで周囲を密封させる必要があるのだ。

「いやー、ホントにグラスウールって難しそうだねー」

「じゃあ、ボードタイプの断熱材でいいんじゃないの」

「ダメ。アレはすごく高いの。俺、お金ないもん」

「寒いのとカビは、やだかんね」

「頑張ります……」

嫁に念押しされつつ、我が家の壁内断熱材は「袋入りグラスウール」に決定し、西山材木店に発注した。数日後に届いた巨大な梱包。中に入っていたのは、旭ファイ

グラスウールを壁に取り付ける俺。ガラス繊維が飛ぶのでマスクは必須。

バーグラスが作る「マットエース　10K」の厚さ100㎜タイプ。「袋入りグラスウール」の定番中の定番で、発売は1970年に遡る業界スタンダードの逸品だ。

ガラスの綿とビニール袋の表面とを整えてタッカーで固定、ピーッとテープで周囲を密封する。

「気密テープってすごい名前だけど、布ガムテープみたいなもんなのね」

「ドキッ（汗）」

「ん？」

嫁に怪しまれぬよう、平静を装う俺。そう、気密テープは結構高価なのだ。20m巻きで1本1000円以上する。そして壁一面に並んでいる全てのグラスウールの袋を、隣同士テープで密着する必要があるのだ。でなければ「室内を気密する」とは言えない。しかしそんなことしていたら、いったい何百mのテープが必要になるかわからない。

「まさか、本当にただの布ガムテープじゃないでしょうね」

「まっさかー。ほら黄色いテープで暖かそうでしょ」

賢明な俺は、全国のホームセンターで格安販売中の、おなじみ「ベージュの布ガム

こちらは正規の気密テープ。

テープ」ではなく、少し高級な「カラー布ガムテープ・黄色」を買っておいたのだ。これならば、ぱっと見は、何か特殊なテープに見えるだろう。ちなみに本物の気密テープの色は黒かグレー、あるいはアルミ製のシルバーが多い。さて不審そうな嫁の視線は気にせず、どんどん貼っていくことにしよう。

## 独り言と絶叫の内壁工事

　建物1周が約45m。内周部分をぐるっと一回り、「袋入りグラスウール」の断熱材を隙間なく詰め込んで、屋根・床・壁、我が家の断熱工事はようやく全て完成した。ここまでに再び数カ月を要し、すっかりひと夏が終わってしまったが、これで冬の寒さも、夏の暑さも怖くはない。

「さて、念願の壁工事だね。どんな壁にしよっか？」

「あれ？　漆喰とか言ってなかったっけ？」

　確かに、木目麗しい柱と真っ白な漆喰の壁のコントラストは美しい。しかし左官作業の嫌いな俺としては、外壁と同様、全ての壁に漆喰を塗るのはちょっと億劫だ。

「腰まで板壁で、上側を漆喰ってのはどうだい？」

「ま、なんでもいいよ。早く引っ越したいし」

　西山材木店で購入したのは、腰壁用に「本実（ほんざね）加工済み杉板」の厚さ12㎜と、漆喰壁気合も入る。

の下地用に石膏(せっこう)ボードの厚さ9・5㎜、サブロク板。どさっと届いたこいつらを、所定の長さに切断し、着々と張り付けていく。やはり、見えるところの作業は楽しいし

外壁は板を縦方向に並べて張る「竪板張り」にしたのだが、内壁は板を横方向に張る「よこ板張り」。雨の浸入を気にしなくていい内壁なら、板の下辺を下の板の上に重ねて張る「下見板張り」にする必要がなく、すっきりと見せることができるからだ。実測した長さに、板をノコギリで切って、ぽんぽん張っていくだけ。

柱の垂直が少々怪しい我が家では、張り始めの下側と、終点の上側では板の長さが違っていたりするのが面倒だが、切断して張り付けたら、それで壁が完成する「板壁」は、やっていてとても楽しいし、楽チンだ。

反対にめんどくさいのが、漆喰壁の下地作り。こちらは外壁同様「竹小舞に土壁」が本来的には正しいやり方なのだが、そんな施工ができるはずもないので石膏ボードで代用する。その上に塗るのは外壁でも使った「簡単練り済み漆喰」。こいつは、石膏ボードにも直接塗ることが可能とのことなので、そこは助かる。

しかし、この石膏ボードを壁の形にきっちり整えて、柱と柱の間にはめ込むのは至難の業なのだ。繰り返しでしつこいが、我が家の柱の垂直や梁の水平はかなり怪しいことになっている。すると必要とされるボードの形も、いびつなものになってしまう

のだ。もちろん少々の隙間なら漆喰で塗り潰すことができるのだが、あまりに大きいと、新築なのに穴開きの壁ができることになってしまう。さすがにこれは悲しい。

　白い石膏を固めて紙の間に挟んで作られる石膏ボードは、切るときに大量の粉塵が出るのが厄介だ。なるべく粉が出ないよう、鋭利なカッターナイフで切り込みを入れ、パキッと割るのが綺麗に切断するコツ。次に当然、持ち上げて運ぶのだが、軽いがでかいので持ちづらい。そして気をつけて持たないと、自重で真っぷたつに折れてしまう。柱や壁にぶつけても、簡単に欠けるので注意が必要だ。慎重に、ソーッと現場に運ぶのだが、がっかりしないように独り言で予防線を張る。

「どうせ入んないんだろなー」

　案の定入らない。戻って修正。微妙な調整は、専用のヤスリで削るのだが、これまた細かい石膏の粉塵が大量に舞う。

「うえー、ごほごほ。ハーどうせ次も入らないんだろなー」

　再び、現場へ。ガタ、ガタガタ。

「うー、やっぱり入らん……」

　戻る。削る。運ぶ。入りそう、でも入ら

石膏ボードをカッターで切断。一部で高価なスタイロフォームも使った。

ない。叩く。割れる。

「ぐわーーーーー‼」

思わず、絶叫……。

## 天井をめぐる攻防

体じゅう、石膏の粉で真っ白になりながらの1カ月。畳と同じ大きさの石膏ボードを、張りも張ったり、その数なんと120枚超。来る日も来る日も、インパクトドライバーで回し続けたビスは2000本を超えるのだった。

「ふー、やっと張り終わった」

「はい、邪魔邪魔。どいてー」

「とーとー、ジャマー」

石膏ボードの上に塗る漆喰は、嫁と娘におおかた任せることにする。左官作業は苦手なのよ、ほんと。

「いやー、真っ白な手で服触んないでよ」

「えっへっへ、おかあさんだいすきー」

内壁の漆喰塗りは嫁さんと娘に任せる。娘もだいぶ戦力になってきた。

「ちょっとー、わざとやってるでしょ!!」

女どもの嬌声を向こうに聞きながら、俺は天井工事に移る。この天井だが、俺には腹案があった。全部屋で屋根の裏すぐに板を張る「勾配天井」にして、家全体を吹き抜けにしたい、というものだ。古民家を改装したカフェなどでよくある、頭上の大空間に縦横に骨組みが走るアレである。これなら、苦労して刻み、組み合わせた、ダイナミックな構造材が全て丸見えで迫力満点。とてもカッコいいし、良い思い出にもなる。しかし一応、嫁に確認は必要だろう。

「天井さー、全部吹き抜けでもいい？」

「は？　なんで？」

漆喰を塗るコテを休めて、脚立の上から俺を見下ろす嫁。あら、この反応はよろしくない。

「だってさー、苦労して作った骨組みが隠れると、寂しいじゃん。自慢できないし」

「そんなの自慢しなくてよろしい。天井高いと寒いでしょ。それに埃もたまる」

「えーーー」

なかなか厳しい返答である。確かに、暖かい空気が上に行くのは小学校の理科で習う常識。天井が高ければ、それだけ暖気は上へと逃げてしまい、冬の暖房効率が、甚だ悪くなることこの上ない。しかし、ここでくじけてはいけない。せっかく作った巨大な梁の組み合わせ。そのダイナミックな景観が見えなくなるのは、やっぱり寂しいではないか。

「薪ストーブも入るしさー。きっと寒くないよ」

「じゃあ、ストーブを置く部屋だけ、吹き抜けでいいよ」

「えーーー」

薪ストーブはリビングに設置する予定だ。見栄えのする巨大な梁桁が多くあるのも、このリビング周辺だから、これで妥協するのが一番か。

「でも子供部屋にある、台持ち継ぎで継いだ1尺2寸の梁、見せたかったな」

「寒かったら、かわいそうでしょ!!」

はいはい。母親にはかないませぬよ。気の変わらぬうちに、とっととリビングだけでも、勾配天井の板を張ってしまうことにしよう。

## 波打つ天井

しかし一番高いところは、床板から5m近い。この場所に、下から持ち上げた杉板をバンザイの体勢で板を確保しながらの釘打ち作業は、なかなか骨が折れる。久しぶりの高所作業。梁に足場板を渡しかけ、おっかなびっくり移動する。高所にも随分慣れてきたが、幅30㎝の板の上に立つと、お尻の辺りがムズがゆい。リビングの北サイドから張り始め、最高点の棟まで到着し、次に反対側にまで張り下ろしてきたところで作業完了。

恐ろしい高所の天井板が終われば、残りの部屋は、いわゆる普通の天井ということになる。どう作るかといえば、30㎜×40㎜の杉の角材を格子状に組んで、その上（下か？）に天井板を張ればいい。あとの問題は、この天井をどの高さに作るかだが、個人的には高くて開放感のある方が好きだ。ただし勝手に作ると怒られるので、ここは嫁にお伺いした方がいいだ

天井板をばんばん張っていく。この姿勢、結構つらい。

ろう。

「天井の、高さはどうしようか？」

「今のアパートの天井って、どれくらい？」

さっそくその夜、アパートの居間に置かれたちゃぶ台に乗って、メジャーで測ってみた。

「床から天井板まで2ｍ40㎝だね」

調べたらこの高さは、ちょっと前までの日本の一般住宅の標準だった。ただ最近は開放感のある高い天井が流行っているらしく、2ｍ50～60㎝くらいが主流で、2ｍ70㎝を超える物件も珍しくないとのこと。俺の身長は1ｍ78㎝。確かに今のアパートの天井高には少し圧迫感を感じる。

「どうする？　俺としては高い方が嬉しいけど」

「寒いの嫌だから、最低にしといて」

ということで、天井の高さは2ｍ50㎝に決定した。天井板と床板の厚みが12㎜だから、床下地の合板から2ｍ52㎝4㎜のところに角材を取り付けることになる。この格子状に組んだ骨組みをプロの現場では、部屋の周囲よりも真ん中の方が少し高くなるドーム型に組むのが「良い仕事」なのだとか。人間の目は結構いい加減なので、全体が水平だと、天井の真ん中が垂れて見えるというのがその理由らしい。

しかし言うまでもなく、そんな絶妙な芸当ができる腕はない。それどころか全体の水平もかなり怪しく、少々波打っているような気もしないでもないが、まぁ大丈夫だろう。「板打っちまえばわかんねーよ」の精神で、着々と工事を進める。ちなみに、よくテレビの忍者が天井裏を歩いているが、あれは梁桁の上を歩いているのであって、今、俺が作っている細い骨組みの上に乗れば、さしもの身軽な忍者も真っ逆さま間違いないだろう。

**今年も来られないサンタさん……**

「ところで、アソコどうするのよ？」
「んー……。どうしよっか？」
　昨日に引き続き、服と顔を真っ白にしながら漆喰を塗っていた嫁が、コテを休めて指し示す。その指の先にあるのは、屋根からぶら下がるように固定された煙突の筒。ジワジワと天井ができつつある我が家で今、その銀色に輝くステンレスは、ひときわ目立つ存在になってきていた。母親と同じように顔を真っ白にした娘の視線が突き刺さる。残念ながら、そのぶら下がった1本の筒は、去年のクリスマスのときから全く変わりはない。煙突の完成を娘と約束してから10カ月が過ぎ、そろそろ秋の気配も濃くなってくる。建築作業を始めてからの時間の経過は本当に早く、月日は飛ぶように過ぎていく。

「さんたさんくるまえに、えんとつできる？」

「いやー、ごめんねー、たぶん無理だよ」

「えーーーー」

約束をした次のクリスマスまで、残すところあと2カ月。しかしあたりを見回せば、いまだ下地合板むき出しの床と、未塗装の壁ばかり。天井だってまだ全体の半分もできてはいないのだ。娘には申し訳ないところだが、とてもとても薪ストーブの設置など考えている余裕は、我が家にあるはずない。

「実際のところ、どうなのよ完成時期？」

「んー……。壁と床、天井にあと半年。ドアやら設備やらも考えると、あと1年はかかるかも」

「……。そんなにかかるかー……」

この時点での、この見通しすら甘かったことは、のちに判明するわけなのだが、そんなことは露(つゆ)ほども思わぬ俺たちである。今は、目の前の壁と天井に全力をかける他にしようがない。

「ととの、うそつきー」

「ごめんねー。次の次のクリスマスまでには煙突作るから」

「はー、気の長い話ねー。ホント次の次の春には小学校だからね。頼んだよ」

やはり嫁も、そこがタイムリミットだと考えていたようだ。今建てている家があるのは埼玉県の長瀞町。住民票の置いてあるアパートは隣町の皆野町。このままいけば、娘は皆野町の小学校に入学することになり、家の完成後にすぐ、長瀞町の小学校へ転校ということになるだろう。「越境入学の手続きも調べておいた方が良いのだろうか……?」という考えも頭をよぎる。いやいや、ここで俺が弱気になっても始まるまい。ここからの1年が勝負の年。いよいよラストスパートのときがやってきたということなのだ。

# 第9章 キッチン、風呂、ストーブ 2015

## 新兵器でドア作り

「じゃじゃーん、またまた新兵器でーす」

季節はあっという間に暖かい春真っ盛り。新しいおもちゃを買ってもらった子供そのまま、今日アパートに届いた包みを破って、電動工具の箱を取り出す能天気な俺。

「工具ばっかりお金かけてないで、材料にお金使ってよ」

「いい工具がないと、いい仕事はできないのだよ」

電動工具というものは、男の子の血を沸き立たせる何かがあるのだ、うん。そして今回、俺が買ったのは何かと言うと、その名も「ビスケットジョイナー」である。

このビスケットはお菓子ではない。木屑を整形し固めたものだ。「ビスケットジョイナー」はアメリカの大工さんがよく使う工具で、この機械そのものは、材木に「ビスケット」をはめ込む溝を彫るためだけに存在する。そしてその溝に木工用ボンドを浸したビスケットを入れ、もう一方の材木の溝と組み合わせると、２つの材木同士、がっちり組まれる仕組みなのだ。

「すごいだろー」

「ふーーーん」

「つまんなーい」

女にはわからんのだよ。さてなぜこんなものを取り寄せたか？　それはドアを作るためである。出入り口や収納に、ドアと引き戸が10枚以上必要になる計算だ。外部に接する玄関ドアほどではないが、垂直水平歪みに対しての精度が必要な「戸」は、買うと結構高いのだ。細い材木を簡単な枠に組んでプリント合板を張った安いドアでも1万円以上の値段がする。まして無垢の木材で作ったものなら、10万円以上の世界だ。

「それが、このビスケットがあれば安く作れるのだ!!」

「その工具、いくらだったの？」

「ん……」

これが新兵器のビスケットジョイナー。内緒だけど結構高価。

男のロマンは、なかなか理解されないものなのだ。さっさと逃げ出し、材木を買い出しに行く。玄関と違い室内ドアは、防犯や断熱のための厚みは必要ない。杉の4㎝×9㎝サイズの材木をビスケットで組んで「日の字」形にし、隙間に12㎜の板をはめ込む工法にした。これなら「ドア」1枚にかかる費用は3000〜4000円ですむ。

「ほほほ、倹約倹約っと」

「湿気で開かなくなったら、捨てるからね‼」

嫁の言うように、湿気でドアが開かなくなる。その危険性はかなり高い。そうなのだ、安い材木の変形は馬鹿にならない。その懸念がより深刻に判明したのは、引き戸を取り付けたときだった。カラカラッとスムーズに開閉する引き戸が、子供の頃から

またまた奈良から駆けつけた父と初参戦の母が、扉の組み立てに挑戦中。

大好きだった俺は、よせばいいのに自分で作ってみたくなったのだ。しかも作ったのは、子供部屋の収納と廊下にある食料庫の戸。ここはどちらも開口幅が1・8mあり、必要な戸は1面ではなく、すれ違い式の2面になる。当然、求められる精度は前後に開閉するドアに比べてずっと高い。

苦心しながら最大限丁寧に作製し完成した「自作の上吊(うわづり)式引き戸」。いろいろと調べ、専用金具も購入し、鴨居に専用レールを取り付け、金具をつけた戸を滑り込ませるが、

「開かないじゃない」

「あれれ……?」

よく見れば、すれ違うときに真ん中で戸同士が接触している。ではと2本のレールの間隔を広げると、

「隙間が、いくらなんでも、でかすぎじゃないの」

「あれれれれ……?」

横から見れば、戸と戸の間が凄まじく開いている。しかし戸を動かして、真ん中ですれ違うときには適正な隙間になる。これは要するに、左右どちらかの戸（あるいは両方）が歪んでおり、すれ違うときと閉まったときで隣の戸との距離が変わるのだろう。

「ま、実用上は問題ないんじゃないの？」

「……」

その後、無理やり捨てられてはいないので、どうやら嫁は諦めたらしい。

## 無垢板の床でゴロゴロ

「そろそろ室内の工事も目星がついてきたし、床板を張ろうか」

ゴールデンウィークも終わった5月半ばの休日。いまだ壁塗りを続けている嫁に問いかける。

「大きな工事が残ってるんでしょ？　傷とか心配だし、まだいいんじゃないの？」

コテを休めて返す嫁の指摘は正しい。完璧な養生が期待できないセルフビルドでは、仕上げの床板をいつ張るかは、結構重要な問題だ。その証拠に、あちこちの柱や壁には、様々な材料や工具がぶつかったのであろう、無数の傷跡が付いている。柱と壁でこれなのだから、床となればもっとひどくなるだろう。ただし、いつまでも待っていられない理由もあるのだ。

「でもそろそろ床を完成させないと、トイレと同じで設備が入れられないのよ」

「あーそっかー、床の上にのってるもんね」

キッチン台や洗面台、トイレなどの水回り設備は、みんな床の上に置くように設置される。今、製作中のドア周りも、本当は床と同時に作った方が良いのだ。それに天井板を張っているときに改めて気づいたのだが、やはり家1軒の面積は相当なもの。年内完成を目指すなら、そろそろ床板を張り始めても、早すぎるということはないようだ。

「私は、年内完成はとっくに諦めてますよ。もう」

俺の懸念に対し、嫁の感想はあっさりしたものだ。

「いやいやそう言わないで、まだ梅雨前。これからが追い込みだよ」

「無理だと思うけどねー。まあ期待しないで、待ってますよ」

「木の家」を目指す我が家としては、全ての部屋に無垢の木を使った床板を張りたいところだ。しかしながら、当然これは結構お金がかかる。寝室などの寝るだけの部屋には、ちょっともったいない気もしないでもない。台所や洗面脱衣所など水や汚れの気になるところは、撥水性のある合板のフローリングの方が掃除がしやすい。そんなこともあり、部屋ごとに分けることにした。

「とりあえず、一番高いのはどこに使おうか?」

先日、雑誌の取材で知り合った仕上用材木専門店から、勢いだけで思わず、1部屋分のカラマツの床材を購入していたのだった。この床板のお値段は1坪あたり1万6000円。無垢床板としては、いたって標準的な値段だが、我が家の場合、構造材も含めた全ての木製建材の中で、ぶっちぎりでトップの高価格。俺のお財布では、1部屋分（3坪）を購入するのが精一杯だった。

「ハルの部屋に入れてあげなよ」

「えー、もったいなくない？」

「もったいなくありません」

「ハイハイわかりましたよ」

ま、子供は床に這いつくばって遊ぶからね。親心ってものですか。しかしさすがは高級木材。木目も美しいし、表面の仕上げも丁寧だ。おまけに反りや割れがないのでとても作業性が良く、張るのも気持ちが良い。

「ほい1部屋終了。あとこれ塗っといてね」

そう言って俺が嫁と娘に渡したのは「荏胡麻油」の缶。最近はコレステロールを下

子供部屋に張った無垢の床板に、荏胡麻油を塗る嫁さんと娘。

げる健康食材として珍重されているそうだが、荏胡麻の油は昔から材木の艶出しと防腐防汚に使われてきたのだ。粛々と床に油を塗る嫁と娘に目を細め、次の部屋に取りかかる。

残りの無垢板は、1坪8000円弱の杉の床材。同じ無垢材の床板ながら、お値段いきなり半額以下だ。「ありがとう西山材木店!!　よくぞ、こんな安い材を探してきてくれました」。さすがに高級品に比べれば割れや抜け節が多いし、反りもきつくてはめにくい。でも想像以上に安く手に入れられたので、予定より無垢床のスペースを広げることができた。特にリビングは圧巻の総無垢敷きなのだ。

杉は様々な樹種の中でも特に柔らかく、床板に使うと傷つきやすい。それが気になると避ける人が多いのだが、逆にその柔らかさのおかげで、足裏の肌触りが最高に良く、おまけに温かい。今さら、少々の傷くらい気になるような家ではないので、杉の床は本当に良かったなと、張ったばかりのリビングでゴロゴロしながら思うのだった。

玄関ホールや廊下、縁側も無垢杉板を張り、寝室と水回り、収納を合板のフローリングで施工した。さすがに工業製品のフローリングはまっすぐで、あっという間に張

床の完成。嬉しくてゴロゴロしてみる。

れてしまう。

## 和室の畳が入らない

さて残るは和室だが、和室と言えば畳以外にありえない。「さて、畳はどうするか？」と思っていると、「畳いらない？」との問い合わせ。もちろん即決でいただくことにする。

畳をくれたのは、ナカヤマの母上。千葉在住の母上は、和室をひとつ改装し洋室にリフォームしたという。うちの両親もそうだが、やはりお年を召すとベッドの方が、足腰に優しく、暮らしやすいのだそうだ。リフォーム後、いらなくなった畳は、千葉の家の廊下に置いてあり、そのまま廃棄予定とのことなので、早々にご自宅までトラックを駆り、いただきに参上。捨てられる寸前だった畳6枚をありがたく頂戴する。

しかしここからが難しいところ。畳というものは全て、各家の各部屋に合わせた完全オーダーメイドで作られているのだ。そして、もらってきた畳は、もちろん千葉の家の6畳和室に合わせて採寸、作製されており、部屋のどこにどの畳を置くか場所まで決まっている。その証拠に6枚全ての畳の大きさはバラバラで、裏に割り番がふってある。本来であれば、この番号通りに指定された部屋に入れねば入らないのだ。

「じゃあどうするのよ？」

どうするもこうするも、とりあえず入れてみるしかないだろうと、適当に入れてみたが、案の定入らない。パズルのように組み替えるが、全く入る気配なし。

「せめて番号通りに入れたら？」

嫁の言うこともごもっともだと、番号に合わせて入れてみると、

「お、入りそう？」

いやいや、そんなに単純ではない。しかしなんとかなりそうだ。おもむろに倉庫からノコギリとノミを持ってくる俺。

「ちょっとー、何する気よ。まさか」

「そう、そのまさかなのだ！」

嫁の制止の声が出る前に、畳の当たる柱に切り込みを入れてノミでぶっ叩く。せいぜい数ミリの溝だ。致命傷にはなるまいて。畳に干渉する柱4本にそれぞれ欠き込みを入れると、突っ張っていた畳がストンと落ちて、目の前に6畳の和室が忽然と現れた。

「おほほほ、和室だ和室だ」

「もうちょっと、スマートにできないの？」

「いいじゃないの、ほら畳、気持ちいいよー」

6畳の和室。これは最高の贅沢スペースだ。そして何を思ったかこの部屋には「床

の間」もある。「押入れ」と「床の間」の間に入る柱には、76本あった中から選びに選び、一番美しかった材木を使って「床柱」としたのであった。日本のセルフビルド業界（そんなものがあるかどうかはわからないが）広しといえど、床の間まで作った人はそうそういないのではないだろうか……と思う。

「何飾ろっか？　刀とか槍がいいなー」

「アホか」

「なんか高そうな掛け軸とか、持ってない？」

「持ってません」

床の間の美学。嫁にはなかなかわかってもらえないようだ。

入れたばかりの畳の上に工具を並べ、床の間の工事に励む。

## 今年の夏は北陸へ！

我が家の夏の定番は、孫との面会を心待ちにしている奈良の「じいじとばあば」の家に、娘を連れていくこと。しかし、せっかくの夏休み。できれば海水浴なども、したいではないか。

「この夏、奈良からの帰りに、能登の海に寄ってみない？　ハルは海水浴したことないだろ？」

「うおおおー、うーみー!!」

「海いいねー。でもいくら何でも遠回りなんじゃないの？」

なぜ能登なのか？　実は俺には海水浴場とは別に、行きたいところがあったのだ。

「そろそろ、薪ストーブ、決めたいと思ってね」

「あー金森ストーブさん？　あそこって能登なんだっけ？」

そう、寒い屋外作業の季節。最高の助っ人となって活躍してくれたストーブを、無料で貸してくれたのが、能登にある町工場「金森ストーブ」の金森さんであった。

「それじゃあ、ストーブは金森さんのところに決めたの？」

「うん、そだね」

決めた動機は、押し売り的に借りたストーブの恩だけではない。

「長野の根岸さんの家で見たストーブがよかったんだよね」

長野の根岸さん。自宅敷地から掘り出した石を使い、その石を積み上げることで自宅をセルフビルドした、セルフビルドの世界では伝説の人である。雑誌の取材で、ご自宅を訪れるという幸運に恵まれた俺は、根岸さんが丹精込めて作り上げた、美しい家と庭に、文字通り心を奪われた。そして、その石積みの家のリビングに置かれていたのが、鉄板を溶接して作られた無骨な薪ストーブだったのだ。

「このストーブ、カッコいいですね」

「ああ、それは近所の工業高校の生徒の作品なんだよ」

「……‼（ふあーー、カッコいいーー）」

カタログスペックだとか、おしゃれなデザインだとか、そんな理由は一切関係なし。鉄板の切り口や溶接の跡。アチコチに残る、それを作った人の仕事の痕跡がドラマチックでカッコよく、非常に好ましい印象として、俺の心に焼きついた。

「俺もあんなストーブが欲しい」。そう思うが、さすがにそんなに都合よく、授業でストーブを作る工業高校の生徒はいないだろう。そこで探したのが「薪ストーブを手作りしている日本の職人」。ここ数年で急に増えてきたのだが、俺が探した当時は数人しかいなかった。その1人が「金森ストーブ」の金森さんだったのだ。

金森ストーブのストーブは、厚手の鉄板を手作業で切り出し、溶接で組み上げたもの。その各所に、金森さんのこだわりと鉄工職人の技が見えて、とても美しい。これなら、もし根岸さんがうちに遊びに来たとしても、恥ずかしくはない。そう、俺は見栄っ張りなのだ。

そして理由はもうひとつ。パンフレット希望の連絡に、いきなり送りつけられた10万円の薪ストーブ。「輸送費だけで数万円を自腹で切って、高価な商品を見ず知らずの男に送りつける」という豪快な社長に、俺はぜひとも会ってみたくなったのだった。

## やっと会えた金森社長

「わーい！　うみだー」

かんかん照りの太陽の下、真っ青な海がどこまでも広がっている。初めての海水浴に、娘は大喜びの様子だ。夏の能登の海は、波も穏（おだ）やか。サザエのつぼ焼きをほじくり、冷たいコーラで流し込む。潮の香りが好ましい。ビールを飲みたいところだが、これから車の運転があるので我慢する。そう、いよいよ「金森ストーブ」の工場へ突撃だ。

工場は能登半島の中ほど、西の海岸線から車で10分程度内陸へ入った小高い山の麓（ふもと）に建っていた。想像していたよりも、その規模はかなり大きい。

「こんにちはー」

「やあ、こんにちは。やっとお会いできましたね」

やや緊張しながら玄関を入り声をかけると、横の事務所スペースから社長の金森さんがやってきた。その豪快な行動から、もっと筋肉質の大男かと想像していたが、現れたのはスマートで笑顔の優しい紳士であった。

「その節は、ありがとうございました。借りてたストーブ、お返しに来ました」

「ああ、そんなの、ずっと借りとけばいいのに」

おお、やはり豪快だ。

「工場の中、見てみますか？」

「ぜひぜひ」

事務所の奥の扉を抜けると、高い天井に多数の工作機械が置かれた、工場が広がっている。何に使うのか想像もつかないような大きな機械に俺も娘も大興奮だ。

「うわー、なんだこれー」

「こらこら、勝手に動き回らないの。ご迷惑でしょ!!」

「これ、ストーブ作るためだけじゃないですよね？」

「それはそうですよ。うちの本業は自動車関係ですから」

金森ストーブは、元々は社長が自分の部屋用にと、仕事の合間に趣味で作ったところから始まったものらしい。

「作るとなると、こだわるタイプでね。とことん研究しましたよ」

さすがは職人。数年間の試行錯誤の末に、金森ストーブの原型が完成。それがいつの間にか、その燃焼性能と独特のデザインが評判となり、問い合わせが急増。ついに会社の製品として販売を開始したのだそうだ。

「サカグチさんが問い合わせてくれたのが、ちょうどその頃ですよ」

「そうだったんですか。いきなりストーブを送ってくれたんでビックリでしたよ」

「いやだって、自分で家建ててるっていうから、こりゃ面白そうだと思って」

金森さん自身、本業の鉄工とは別に、木工などの日曜大工が好きらしく、俺の問い合わせを面白がって、試作品の屋外用ストーブを送ってくれたという。

「せっかくのご縁ですし、ぜひうちのリビングのストーブ、作ってください」

「もちろんですよ。でも予約が多くてねー。今からなら年末には渡せると思うけど」

すっかり人気の金森ストーブは、現在、多くのバックオーダーを抱え順番待ちの状態らしい。しかし我が家の工事進捗状況は、この夏の時点ですでに、年内完成は厳しいような雲行きになってきている。

「なんとか冬には間に合うように頑張りますけど、それでは遅いですかね？」

「いえいえ、ゆっくりでいいですよ。今年中にストーブ置けるかわかんないので」

背中に嫁と娘の視線が刺さるのを感じるが、ここで見栄を張って、金森さんに無理なスケジュールで作業していただくわけにもいくまい。ここからは時間との勝負。まだ大量に残っている各部屋の床板張りと並行で、キッチン、お風呂、洗面台に残りのトイレと、怒濤の設備工事マラソンが始まるのだ。

しかし、例によって、資材諸々の購入資金は厳しく、その工事方法にも数多の不安が。タイムリミットは来年の春、4月の入学式。だが、窓の向こうに見える大きな入道雲と夏の青い空。クーラーのほど良く効いた事務所の中で、春の引越し風景を想像するのは、とてもとても難しいことだった。

「この辺は、お魚が美味しいから、ゆっくり楽しんでいってくださいね」

金森さんの一言に、ふと我に返る。

「それが一番の楽しみで来ました」

「さあ、もう一回海で泳ぐかー」

「おーーーー」

楽しい楽しい夏休み。ゆっくり体と心を休めて、我が家に帰れば「自宅セルフビルド最後の秋」がやってくる。

## 娘と作る洗面台

「台所は、どうするの？」

「お気になさらずに」

暦の上ではもう秋も深まる頃のはずだが、まだまだ暑い9月の終わり。俺は恐る恐る嫁に尋ねた。しかし案の定、予想通りの冷たい答えが返ってくる。

「俺、作ろうか？」

「いいえ、結構です」

例によってシステムキッチンは高い。しかしシステムキッチンの「天板」だけを買うことができる。世の中にはメーカー出来合いのキッチンでなく、内装大工さんや家具職人さんに特別発注した「我が家のオリジナルキッチン」を導入する人もたくさんいる。そういった特注キッチン作製用に、ステンレスや人工大理石のキッチン天板が販売されているのだ。

「ほらほら、この天板だけ買えば、下なんか箱みたいなもんだよ。俺作るよ」

「ダーメーでーす!!」

どうにも俺の信用はないらしい。おまけにほっておいて、勝手に作り始められては敵(かな)わないと、さっさとメーカーの資料を入手し、キッチンの選定まで始める始末。まあ、ここは任せておくのが家庭の幸せか。

「じゃあさ、洗面台は俺が作るよ」

「好きにすればー」

「よしじゃあハル、お前、手伝え」

「おー」

洗面台に関しては以前より腹案があった。バンチョーがかつて自分の家の風呂トイレ小屋を自作したときに、ヤフオク！で買ったという巨大シンク。これがあまりにでかすぎて、予定してた洗面所に入らなかったらしい。確かヤツの家の縁の下に捨ててあったはずと、もらいに行くと案の定、打ち捨てられていた。ありがたく頂戴し、適当な蛇口と材木を購入して帰宅。

ベース部分を材木で大きなサイコロ状に作ったら、天面に厚手の板を渡す。水がかぶるので本来なら高級な堅材（けんざい）が良いと思われるが、耐水ニスをたくさん塗っておけば大丈夫だろう。その天板をシンクの形にくり抜いて、きれいに洗ったシンクをガポッとはめれば、洗面台本体の完成だ。なんと簡単なことか。これで数万円浮いたなとウキウキで、買ってきた蛇口をはめようとすると、はまらない。

「とーとー、はまらないよー」

「うーん、はまらないねー」

何度やってもはまらない。明らかに蛇口の根元の直径の方が、シンクの穴より大き

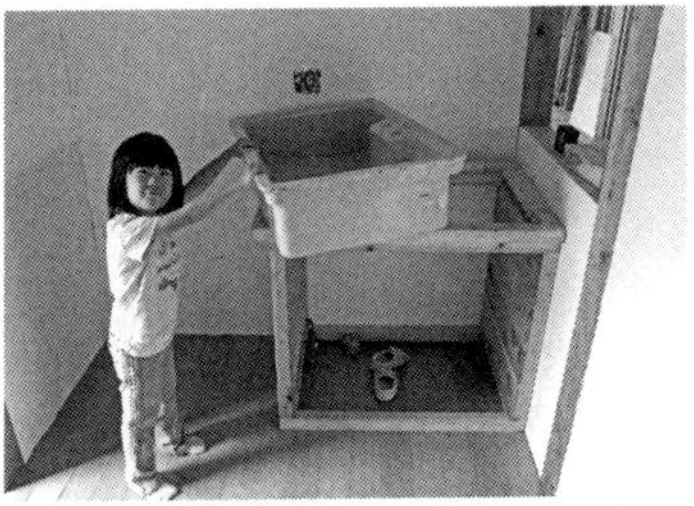

材木で作った本体にシンクを取り付ける。ここまでは順調だった。

い。もらってきたシンクはTOTO製。本来は病院や研究室での使用を想定したもので、大きくて広くて深い。様々な作業でも使いやすいプロ用の逸品なのだ。それを洗面台に流用するなんて、俺ってカッコいいと思っていたのだが、病院や研究室で使う水道蛇口と、住宅用混合水栓で、根元の規格が違うとは知らなかった。

「それで、どうするのー？」

ここでどうにもできないようでは、父としての威厳の危機。さも「このようになるのはわかっていたけれど、1回試してみただけなんだよー」という態（てい）を装い、台にはめたシンクを取り外して外へと運び出す。

「要は穴を広げればいいわけだよ」

「とと、さっすがー！」

シンクは非常に硬い陶器で作られているようなので、石でも削れるダイヤモンドヤスリを付けた電動ルーターを使い、慎重に穴の拡張工事を始めた。もしここでシンクにちょっとでもヒビが入ってしまうと、先ほど作った台と、バンチョーの家までの往復交通費が無駄になり、俺の威厳も大きく

これが問題の住宅用混合水栓だ。もちろんこの後、しっかり組み立てましたよ！

低下してしまう。

「慎重に……。慎重に……」

なるべく力を入れず、繊細な気持ちをイメージして削るのであるが、シンク用の陶器の硬さは俺の想像をはるかに超えていた。そうかと言って、広げすぎてガバガバの穴にしてしまっては、手洗いのたびに水が漏れまくることになるから簡単にはいかない。

「ねー、とーとー」

「なんじゃい」

「つまんなーい」

何度も何度も、ルーターと蛇口を穴に抜き差しする俺を見るのも飽きてきたらしい。

「えー、ちょっと待っててよ」

「はーい」

秋分の日を過ぎ、日暮れのスピードは釣瓶落とし。だんだんと手元が暗くなってくる。気がつけば、隣にしゃがんで俺の手元を見つめていたはずの娘の姿はどこにもない。変化の少ない穴開け作業に飽きて、いつの間にかいずこへ遊びに行ってしまったらしい。薄暗い屋外でかがみ込み、1人寂しくルーターを動かす俺を、嫁が窓から不審げな目で見つめていた。

## システムキッチン、安くなるか!?

「キッチン、これにして」

　ここしばらく、カラフルなカタログをアパートの床一面に並べては、あーでもないこーでもないと悩んでいた嫁。そしてついにカタログの山から、スッと1冊を抜き出すと、表紙を俺に向けて手渡してきた。そこには素敵な台所の写真とともに「ノーリツ　ベステ」と大きな文字で書いてある。どうやら我が家のキッチンはノーリツのベステに決まったらしい。

「色は緑でお願いね」

「はーーい」

　素直な俺は、嫁の細かい希望を書き出すと、早速西山材木店に見積もりのお願いに出かけた。

「システムキッチンのお願いなんですが」

「ほー、ついに来たねー」

「ノーリツさん、扱ってます?」

「大丈夫だよー」

　数日して、見積もり完成。しかし想定価格を、少々オーバー気味。

「ちょっと、厳しいかな？」

「そうっすね。削れるところあります？」

「キッチンパネルは、うちの在庫にすると安くなるよ」

キッチンパネルとは、台所の壁に貼る不燃材のパネルのことだ。消防法でも決められているし、何より貼っておいた方が油汚れやカビに強い。てっきりメーカー指定品だと思っていたが、汎用品もあるらしい。

「蛇口とか換気扇、あと食洗機のランクを下げたら安くなりますよね？」

「いやいや、そこは使い勝手に影響するし、奥さん怒るんじゃないの？」

やはり、そこを変えると目立つか……。

「言わなきゃ、わかんないんじゃないですかね？」

「そんなわけないでしょ‼」

「わかりますかね？　俺ならわからないだろうけど……」

「いやいや、なんとか他で頑張ったげるから、絶対やめた方がいいよ」

結婚生活の先輩でもある西山社長の真顔の助言で、主要な設備の変更はやめることにし、再見積もりをお願いした。数日後、新しい見積もりが届く。ドキドキしながら開くと、見積額は目標価格をギリギリに下回る見事なものになっていた。西山社長、ありがとう。

## キッチンで初めてのお茶

数日後、巨大なパネルトラックで、ノーリツシステムキッチンが我が家へ運ばれてきた。梱包のビニール越しに、鮮やかなグリーンの板が、秋のオレンジ色の朝日を浴びて輝いている。

「部品の点数が、結構多そうだな」

「ま、ぼちぼち始めようぜ」

助っ人に来てくれたナカヤマと、さっそく組み立て始める。初めは、その部品の多さに焦っていたが、いざやり始めてみれば、そこはここ数年間、散々木工仕事をやってきた俺たち2人である。そんなに難しい作業ではないようだ。

「なんかプラモデルの組み立てみたいだね」

膨大な数のキッチン用パーツに埋もれ、やや呆然としている助っ人ナカヤマ。

「おー、パチパチと気持ちよく合わさっていくから、気分がいいな」

さすがは工業製品。説明書に指定されたパーツを、所定の場所に持っていけばガッチリ組み合うようにできている。少々難関だったのは、食洗機とガスコンロの取り付けくらいか。配管のねじ込み不足で、少しの水漏れもあったが無事リカバリーし、キッチン本体の取り付けは問題なく終わった。

次に頭上に取り付ける戸棚の手配をしているところに、仕事帰りの嫁が娘を連れて遊びにやってきた。

「うおー、おだいどころだー」

「わー、いいじゃないの!!」

やはりピカピカのキッチンを見るのは興奮するのだろう。嫁と娘は大はしゃぎ。そんな姿を見るのは、こちらとしても嬉しいものだ。早くここで飯を作って食いたいな。そんな妄想に浸っていると、

「これ、もう使えるの?」

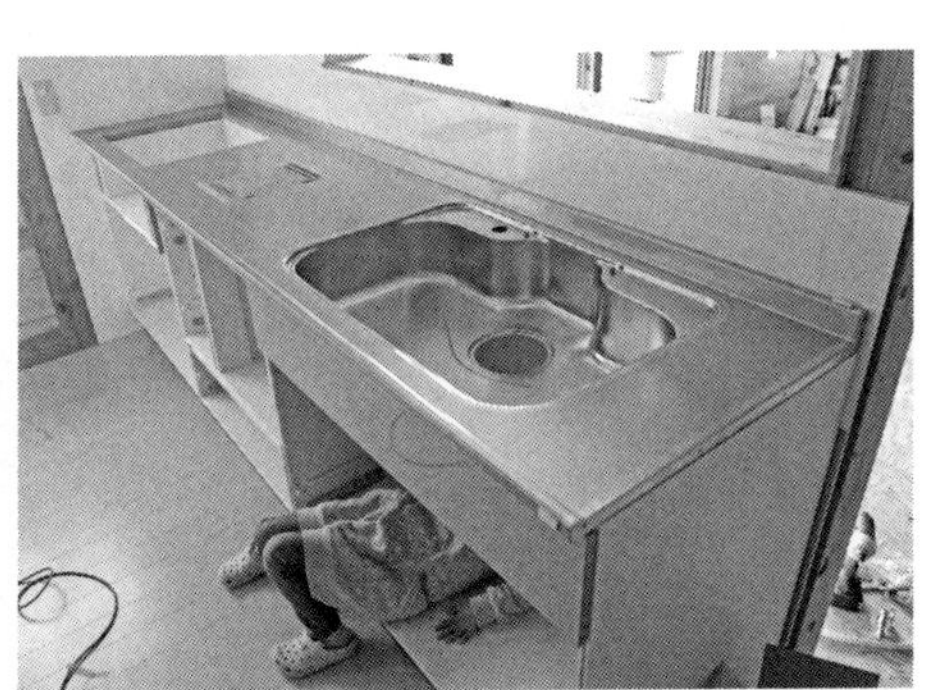

キッチンの据え付けもだいぶできてきた。興奮した娘がシンク下の収納部に潜り込む。

　嫁が完成したばかりのコンロを突っつく。

「いやまだだね。ガスが来てない」

　自宅近所のプロパンガス会社には連絡してあるので、数日後にはガス配管をしてくれるはずだった。

「そっかー、じゃあカセットコンロでいいか」

　つながったばかりの水道蛇口をひねってヤカンに水を入れると、キッチン台の上にカセットコンロを置いて湯を沸かす嫁。

「そんなの、いつものちゃぶ台でやればいいじゃん」

「いいでしょ。はいナカヤマさん、お茶どうぞ」

「おー、ありがと」

　要するに、新しいキッチンが使いたいのであろう。娘は娘で嬉しそうに、全部の引き出しを、開けては閉めを繰り返している。このキッチンで2人が作った料理に舌鼓（したつづみ）を打ち、引越し祝いができる日が待ち遠しい。そんな物思いにふける秋の夕暮れだった。

## お風呂が買えない!?

「家をセルフビルドしています」と人に話すと、「お風呂は檜ですか？」とか、「岩風呂とかにするんですか？」などとよく聞かれる。日本人はお風呂が大好きなのだ。

そんな大好きなお風呂を、せっかく自分で作るのだから、温泉旅館か山の別荘のような「スゴイお風呂」にするのが良いと思うのだろう。

しかし、そんなお風呂はたまの旅行で入るから良いのである。洗うのだって大変だし、冬は寒そうでしょう。この辺の気持ち、嫁が俺の手作りキッチンを嫌がったところと共通するのかもしれない。やはり毎日使うところはスタンダードな物が良いのだ。ある。というわけで、我が家では「フツーのお風呂」を目指すことにする。

床板張りと並走し、長く続く水回り設備工事の秋。トイレができて、洗面所ができて、キッチンができて、ついに風呂の登場である。しかし秋と呼べる日も、残りあとわずか。11月のカレンダーを破るのも、そう遠い日ではない今、相も変わらず俺は困り果てて頭を抱えているのであった。

「あーーー、どうしよー」

俺の考える「フツーのお風呂」とは、いわゆる「システムユニットバス」というやつである。しかし、どうしても決まらないのだ、風呂のメーカーが。金や好みの問題ではない。売ってくれるところがないのであった。

馴染みの水道屋、河内電設の社長さんにいろいろと当たってみてもらっているのだが、どこも素人が施工するというと難色を示すらしい。今の建築業界では、ユニットバスをメーカーに発注すると、メーカー専属の組み立て屋さんが派遣されてくる仕組みになっている。これを断って、風呂本体だけを売ってくれるところがないわけだ。もちろん、そんな客では「儲け」が少ないという理由もあるのだろうが、それ以上に水漏れ等のクレームを警戒しているようだというのが、社長さんの見立てであった。

「そんなに、風呂って水漏れするんすか？」

「そりゃおめー、風呂桶ん中にどんだけ水入ってると思う？」

一般的な1坪タイプのユニットバスの風呂桶で、だいたい200〜300ℓくらいの水が入る。単純計算で200kg以上の水圧になり、そのうえ当然そこに人が入る。おまけに洗い場でシャワーを使えば、床だけでなく四方八方に水流がぶち当たる。やんちゃな子供がいればなおさらだろう。

「洗面所や台所とは水漏れのリスクは大違いだぞ」

「はー、なるほどー」

おまけに1部屋まるまるのユニットバスは、水漏れしたときに建物の構造体へのダメージも大きく、そのうえ簡単には取り替え工事ができない。

「水漏れを製品のせいにされるの、嫌がってるんだな」

「なんとか、なりませんか？」

「もう1軒、当たってみるよ」

そんなこんなで数日後、河内の社長からアパートのポストへカタログが届いた。メーカーは山口県に本社を置く、給湯空調設備大手で石油給湯器国内シェアナンバーワンの「長府製作所」。早速、社長に電話をかける。

「なんとか、口説いたよ。気が変わらないうちに、さっさと発注しな」

「了解です!!」

とはいえユニットバスは、選ぶ部品によって値段の振り幅がものすごく大きい。また壁や湯船の色のバリエーションも様々。ここは部品は俺が選び、色とデザインは嫁と娘が選ぶようにするのが、家族みんなの幸せというものだろう。

## お風呂はピンク!?

キッチンと同じく、ユニットバスのカタログも、色とりどりのオシャレな風呂の写真が数多くデザインされていた。娘はその中の、一面ピンクの風呂の写真に釘付けである。

「ねえ、どんな風呂がいい?」

「ピンク!!」

「いやー、ピンクは勘弁してください」

「えええー」

ユニットバス内の設備も、その性能は上を見ればきりがない。極力チープにいきたいところだが、

「断熱材入りの壁じゃないと、冬に寒いと思うよ」

「そりゃ、そうだね」

「ピンク？」

「水栓も、このレバー式が便利そうだよ」

「うーん、そだね」

「ピンクー」

やはりカタログというものは良くできている。見ていると、なんだかんだでいろいろ欲しくなってくる。さて、色はどうしたものか？　シンプルに白でいいんだけどなー。

「ピンクーー」

「色は全体が白で、一面だけ暖かそうなオレンジにしましょう」

「えーーー」

「鶴の一声だね」

嫁の決断で、我が家の風呂はあっさり決定してしまう。まあ一面ピンクよりはいいだろう。

## 適当にユニットバスを組み立てる

長府製作所からのトラックは、今まで我が家に来た中でも一番でかいトラックだった。扉が開かれた荷台には、見慣れたバスタブを始め、大量のパーツが詰め込まれているのが見える。

「あれ、組み立てさんはまだっすか?」

施主しかいない工事現場に、運ちゃんは明らかに戸惑っている。聞けば、この膨大なパーツをどのように降ろして並べるか、組み立て屋さんによってこだわりがあるらしい。

「パーツ探しの時間、もったいないですからね」

ごもっともである。さすがはプロの配慮と言うほかない。しかしである、我が家にプロは来ないのだ。やってきたのは助っ人のナカヤマとバンチョーだけである。さてどう並べるのかだが、素人には箱や袋に振られたナンバーを見てもよくわからない。

「適当に、降ろしちゃおーぜ」

「やっぱ、それしかないか」

大型トラックの荷台にびっしりと詰め込まれた、我が家の風呂パーツ。

「ええ、いいんですか⁉」

驚く運ちゃんには申し訳ないが、いいんです。だってわからないのだから。それにしても、大した数だ。リビングの床だけでは収まらず、外の地面にもどんどん部品が並べられていく。

「これは、荷ほどきだけで半日はかかりそうだな」

「だいじょーぶだって、相変わらず心配性ね」

付属の施工説明書を眺めながら、またまた頭を抱える俺を尻目に、横でバンチョーが、ちゃっちゃか袋の封を切っている。中身が何かわからなくならないだろうかと、気が気でない。

施工方法は、後から整理して考えれば、通常の部屋の作り方と、そう大きくは変わらない。コンクリ土間の上に束を立てて床下地を組み、四方の壁を作ったのちに、天井をのせ、ドアやら窓やらバスタブやら、諸々の付属品を設置していく。しかしこれを、説明書片手に膨大なパーツの山をかき分けて作業するとなると難しい。まず何よりも「施工説明書」を読むのが難しい。この説明書、素人が読むことを前提に書かれていないのだ。すでに似たような工事を何度もやったことのあるプロが確認のために見るような作りで、説明も恐ろしく簡素なのである。

「いいよいいよ、どんどんくっつけていけば」

説明書嫌いのバンチョー。天性の勘なのかどうか知らないが、イラストに描いてあるものと似たようなパーツを持ってきては、合っているのかいないのかは不明だが、なかなか良いペースで作業を進める。

「おいおい、ちゃんとシーリング入れろよ」

「大丈夫だよ。ナカヤマさんも心配性が移ったんじゃないの？　ほら、カチッてくっついてるし」

確かにカチッとくっつく。しかしそれだけではダメだろう。水漏れが怖いのだ。

「いいじゃん、下はコンクリなんでしょ。濡れたって腐らないよ」

価値観の違いというものは恐ろしい。頼むから説明書通りにやってくれ……。

## バンチョーホールの誕生

風呂工事のハイライトはバスタブの穴開けか。人工大理石のバスタブは、これだけでひとつ数万円はするらしい。その側壁から、外の給湯ボイラーにつながる「湯沸かし口」。当然そんな場所には、初めから穴が開いているものと思っていたのだが、その都度、職人さんが現場でドリルで開けるものらしい。

「間違えると怖いから、自分でやれよ」

巨大穴掘りドリル「ホールソー」をつけた電動ドリルを、ナカヤマが俺に押し付ける。

「まあ、当然だが緊張するなー」

相手は新品ピカピカのスベスベ、上品に光り輝くバスタブである。その表面にギザギザしたドリルの刃を立てるのは、やはりためらわれる。

「さっさとやっちゃいなよ。俺が開けてやろうか？」

いやいや、せっかくの申し出だが、バンチョーお前には任せない！

「わかったよ、よーしやるぜ！」

ついにホールソーの刃を、側壁に突き立てた。人工大理石と聞いていたので、どれほどの硬さかと警戒していたが、男2人で軽々と持てる湯船がそんなに肉厚なわけもなく、結構あっさりと穴が開いた。

開いた穴に金具を取り付け、バスタブ本体の水平を慎重に見ながらユニット床パネルに設置。ここで一気に風呂らしさが増してくる。

四方の壁に蛇口やシャワー、鏡などを付けていく。出入り口のドアと、洗面所側の床や壁との整合性を合わせるのに苦戦したが、立て付けが少々悪いものの問題はなさそうだ。最後は2分割になった天井をガポッとかぶせれば、ほぼ完成か。

「このネジ、どこにはめるんだろ？」

バンチョーが天井と壁をつなげるネジに苦戦しているらしい。こちらはこちらで、風呂の蓋をぶら下げるフックに苦戦している。風呂の蓋は結構重いので、タオル掛けやシャワーのフックよりも取り付けに手間がかかるのだ。隣のトイレとの間の壁に下地を入れての固定がなかなか厄介だなーと思っていたら、なんとも不穏な声が聞こえてきた。

「うーん、わからん。とりあえずこの辺に穴開けてみるか」

「おいおい、バンチョー、待て待て」

ナカヤマが止める声の向こうで、ガガガと響くドリルの音が聞こえる。

「あれー、おかしいなー、やっぱり付かない」

たまらず壁の裏から這いずりだして、バンチョーの手から説明書を奪い取る。件（くだん）のネジの解説を見れば、取り付けは中からではなく外からだ。

「このネジって、こっち側から打つんじゃないの？」

「おー、ハマったハマった」

あっさり固定でき、喜ぶバンチョー。

「ハマったじゃねーだろ、お前。どうすんだよこの穴」

「そんなん、コーキング塗っときゃ大丈夫だよ」

人工大理石の側面にホールソーで穴開け中。緊張する瞬間だ。

確かにたかが直径1㎜ほどの穴である。コーキングすれば大丈夫なのだろう。しかしせっかくの新品のユニットバス。それもドア上の一番目立つところに、何も穴を開けなくてもいいだろう。

「よし、この穴は、〝バンチョーホール〟と名付けよう」

嬉しそうにナカヤマが宣言する。

「おーいいねー。これから風呂に入るときは、ここ見て俺の手伝いを思い出してね」

はいはい、絶対忘れないもんね。ちくしょー!!

## クリスマス問題に決着をつける

「とーとー、ききたいことあるんだけど」

最近は保育園から作業現場へ一度来て、アパートへ帰るのが定番になった娘が、玄

完成した我が家のお風呂に入り、喜びのあまり思わず小躍りする娘。

関を開けるなり聞いてくる。今年のカレンダーも残すところあと1枚。例によってテレビからはクリスマスソングがひっきりなしに流れ続けていた。

「なんじゃい」

「えんとつは、いつになったらできるの？」

クリスマスといえば、屋根にぶら下がった煙突。すっかり我が家の師走の風物詩となってきたこの問題にも、そろそろけりをつけなければならない時期だろう。

「よしわかった！　明日は煙突作るか!!」

「やったー!!」

翌日、近所の薪ストーブ屋さんで、煙突工事に必要な残りの部材を購入。数年間、我が家の屋根から突き出していた煙突の下に、残りの煙突を継ぎ足していく。数年前、悩みに悩んで選んだ二重煙突。さすがに高いだけあって、筒全体の精度も良く、重さと厚みがあって頼もしい。

数年来の懸案事項も片付いたところで、次は薪ストーブを置く「炉台（ろだい）」を作ることにしよう。

表面の温度が200度以上にも達する薪ストーブを設置する場合、周囲の壁や床がそのままでは、熱を帯びて大変なことになるのは煙突と同じ。炭化による低温火災を防ぐため、薪ストーブを置くスペースには、不燃材で炉台を作るのが一般的だ。よく見かけるのはレンガを積み上げて作ったものだが、ここにも俺の腹案があった。

「シーマーダさーん。石、ください」

「おう、好きなだけ勝手に持ってけ」

アパート隣の嶋田のおっちゃんには今までも、多種多様な工具を借りてきたのだが、本来彼は秩父石材という会社のオーナーなのだ。当然その工場の敷地には様々な石が置かれている。その工場の片隅に1辺が60cm四方で厚みが3cmの御影石のプレートが多数あるのを俺は知っていた。

「この御影石の板。何枚か欲しいんですが」

「あーいいよいいよ。いるだけ持っていきな」

60cm四方の板とはいえ、御影石はかなり重い。衝撃でヒビが入れば台無しなので、慎重に車に積み込んだ。もらった石は「緑系御影石」と呼ばれるもので、全体に深く青味がかった緑に、形容しがたい有機的でかつ幾何学的な不思議な模様が全体に広がっている、神秘的なものだった。そして同じ模様は2つとない。これを敷き詰めて、世界にひとつだけのオリジナル炉台にしようというわけだ。

床下地合板に断熱のための石膏ボードを敷き、その上に御影石を敷いていく。周囲にはストッパー兼飾りに木材で額縁を作った。背面には石膏ボードと不燃材のケイカル板で壁を作り、耐熱ボンドで御影石を貼り付ける。石の模様を見極めながら、どの順番で並べるか、パズルのように、あれこれ考えるのはとても楽しい。

「うんうん、なかなかの高級感。これはスゴイ炉台になりそうだぞ」

家を作ったあまりの材ともらい物の石で作っているので、お値段ほとんど無料なのだが、その見た目の高級感は、我ながら大したものだ。

灯台の完成に合わせたかのように能登の金森さんからストーブの完成連絡が届いていた。往復距離は600kmあまり。愛車のトラックを駆って受け取りに行くこととしよう。

## 薪ストーブがやってきた！

「大丈夫ですか？　気をつけて帰ってくださいよ」

クレーンのフックから荷紐が外れた途端、俺の愛車のサスペンションは、今まで見たことのない深さまでググッと沈み込んだ。金森ストーブの重量は200kg弱。鉄の蓄熱効果でいつまでも暖かい薪ストーブは、その重さが非常に重要なのだが、運ぶのは当然大変になる。

「ゆっくり帰るとします」

「重いとカーブやブレーキの感覚が変わるから、気をつけてくださいね」

心配顔の金森さんに手を振って、冬の能登に別れを告げた。確かに後ろ側がずっしり重く、カーブで大きく膨らみそうになり、ブレーキをかけても利きが悪い。慎重な運転を強いられるドライブだが、俺の心配事は別にあった。

「受け取ったはいいけど、どうやって下ろそうか？」

仮にナカヤマとバンチョーに応援を頼んだとしても、1人あたり60kg以上である。そうそう簡単には動かせるとは思えない。しかも2人がすぐに来てくれるとも限らない。天気予報では2日後から雨か雪になる予報であった。

往路の1・5倍の時間をかけて無事に長瀞へ戻ってきた翌朝、ストーブを積んだままのトラックで現場に向かう。無駄に広い我が家の敷地が幸いし、荷台をリビングに向けた形で、横付けすることができた。そして荷台から、足場板と合板で橋を架け、窓サッシを越えてリビング内へと通路も作ったのだが、そこからどうしていいかわからず四苦八苦をしていた。あとはストーブを台車にのせれば、1人でも押して運び入れることができるのだ。しかし、相手は200kgの鉄の塊。これを持ち上げ台車にのせることができないでいる。

もちろん200kgを1人で担ぎ上げるなど、毛頭考えてはいない。家の建前を思い出し、単管パイプで三脚を組んで、簡易クレーンを作る作戦なのだ。しかし荷台の上のストーブを10cm程度上げるだけにもかかわらず、三脚の高さは4m程度が必要なことが判明。これを１人で組むのは、かなり難しい。

「おいおい、またえらい苦戦しているな」

　１時間くらい同じ体勢で単管パイプをこねくり回しているのに気づいてくれたのだろう。裏の原嶋さんが手伝いに来てくれた。２人がかりで、重い単管パイプを持ち上げる。

「ここの窓、入れるときも手伝いに来たよなー」

「そうでしたね。あのときもお世話になりました」

　リビングの窓で進退窮まって、昼寝中の原嶋さんを嫁が叩き起こしたのは、３年前

の夏だっけ。そしてさらに遡ることその１年前の師走には、建前のために今と同じよ

うに三脚クレーンを組み立てていた。あのときに駆けつけてくれたのは、南の岩田じ

いちゃんと北の吉田じいちゃんの「お爺ちゃんコンビ」だったか。

「おーし、これでいいんじゃないの？」

「ありがとうございます」

「おう。気をつけてな。ストーブができたら見にくっからな」

　建築を始めてもうすぐ６年。いろいろな人に助けられながら、ようやく我が家の完

成が見えてきたのだ。

## 薪ストーブに火が入る

「よし完成！　それじゃ、スイッチオン」

　ゴゴゴゴゴ。大きな音を立ててウインチのモーターが回転すると、押しても引いてもビクともしなかった鉄の塊が、ゆっくりゆっくりと持ち上がる。すぐさま台車をストーブの下に滑り込ませ、逆回転のスイッチを押す。

「さて、ここからは、より慎重にっと」

　荷台からリビングの床まで架けた橋は、緩い下り坂になっている。ここでバランスを崩せば、薪ストーブは地面に転落。はずみで、原嶋さんとはめた巨大な窓ガラスは粉々に砕け散ることだろう。全身の筋肉を使ってブレーキをかけながら、慎重に歩を進める。

　リビングの床板を軋ませ、ようやく炉台の上にたどり着いた。ここで方向転換すると、俺は表の三脚クレーンの解体に向かう。そうなのだ、クレーンがないとストーブを床に下ろすこともできない。しかし室内では、天井までの高さが足りず、三脚を組むことができない。どうしたものか……。ふと目についたのは、部屋の隅に立てかけてあった脚立だ。

「脚立って、どれくらいの重さまで大丈夫なんだろう？」

　ちゃんと調べたわけではないが、世の中には100kgの男性だって少なくはあるまい。その人が脚立に上るとすれば、1台にかかる重量は100kg。それなら2台で200kgは大丈夫とあたりをつけ、脚立を2つ、炉台の左右に並べて単管パイプを渡し、その中央にウインチを取り付けた。

「おおー、すごいことになってるね」

「とーとー、ただいまー。えんとつ、できたー?」

娘と嫁が玄関から登場する。冬の1日は早いというが、もうそんな時間なのか……。

「おうおかえり。よーし、またまたスイッチオン!」

ゴゴゴゴゴ。先ほどと同じようにストーブが持ち上がり始めるが、どうにも様子がおかしい。

「ちょっとー、パイプ曲がってるよ」

「なにー、ストップストップ!」

脚立に渡した単管パイプが大きく下に反って、今にもへし折れそうだ。慌ててストーブを下ろし、ウインチを取り付けるパイプを2本に変更。

わざわざ三脚を立てて、薪ストーブ搬入の瞬間を自撮り。

「よし、これで大丈夫……かな？」

「とと、あたらしいおうちこわさないでね」

恐る恐るスイッチを入れると、ゆっくりと持ち上がるストーブ。パイプと脚立が軋んで悲鳴をあげるが、先ほどのように折れ曲がることはないようだ。台車から数センチ浮いたところで、手早く台車を退け、位置と角度を調整しながら、ストーブを炉台に静かに下ろす。

「はー、疲れたー」

往復600㎞の運転も含めて2日間。ようやく無事にストーブを設置することに成功したようだ。

「さーて、いよいよ初の火入れだ」

「それは、めでたいね」

煙突をつないだストーブに、さっそく薪と新聞紙を放り込み、マッチで火を入れる。香ばしい木の焼ける香りとともに、暖かい火が炉内いっぱいに広がった。

「わあー、あったかいねー」

俺にも、娘にとっても、待望の薪ストー

ウインチをフル回転で活用し、なんとか無事にストーブを設置できた。

ブ。それに初めての火が入る。冬の早い夕暮れ。薄暗く寒々とした室内が、温もりのあるオレンジ色の光で照らし出された。嫁と娘の笑顔も輝いて見える。まだむき出しの床も多い我が家だが、このとき、なんだかこの建物に新しい命が吹き込まれたような気がして、ちょっと涙ぐむ俺だった。

「やっと、えんとつできたね。これでサンタさんにあえる！」

「残念。今度のクリスマスは、まだアパートだからね」

「えええー!!　おひっこしはまだなのー？」

「ごめんねー。もうちょっと時間をくださいな」

「もう、しょうがないなー」

薪ストーブに初めての火が入った。これは感動しましたよ!!

# 第10章　3月31日の引越し

2016

## 卒園式とサクランボ

喜びもつかの間。クリスマスが過ぎ年が明けても、相変わらず続く床板張りと、ドアの作製。冬の建築作業は寒くてつらいことこのうえない。この冬も厳しい寒さだった。工事を始めて6回目の冬が終わり、そろそろ暖かくなり始めた3月の半ば。

「はー、今日も床板張りか。もう飽きたな。今日は何枚張れるかな」

「あんた何言ってんの！　今日は娘の卒園式でしょーが」

「ええ！　俺も出ることになってんの？」

3年前と変わらない、この展開。全く何も変わらない……我が家族……なわけがない。娘の羽織る保育園の制服。3年前はぶかぶかだったこの服も、今ではパンパンで

サクランボの木に花が満開。

はち切れそうだ。

「ととー、ちゃんとカメラもってきてよね」

「ハイハイ、わかりましたよ」

話すことばも、すっかり頼もしくなってきた。仕事道具のカメラを鞄から取り出し、車に積み込む。

「俺、こんな恰好で大丈夫かな？」

「ま、いいんじゃないの」

「とーとー、はやくいこー」

県道を保育園へと向かい車を走らせる。いつもの道、いつもの景色。すれ違う車たちさえ、いつもとそうは変わらない。走り始めて約4分。アパートを出てから2個目の信号は、我が家の近くの交差点。あいにくちょうど赤へと変わったところで停車する。その小さな、田舎の交差点の向こうに建築中の我が家が見えた。俺の目から見ればもうすっかり完成した、立派な大邸宅だ。そしてその茶色と白のコントラストが美しい壁のすぐ脇に、薄いピンクの霞(かすみ)が揺れる。

建築開始記念に植えた小さなサクランボの苗木。それが今では屋根に届くほどの高さに枝を広げ、たくさんの蕾(つぼみ)を膨らませていた。その枝いっぱいについた多くの蕾は、今まさにほころび始め、木全体が薄桃色のベールに包まれているようだ。この木を植えて6年。娘が生まれて6年あまり。この6年間はそのまま、娘と我が家の成長の歴史なのである。

「それで、あとどれくらいで完成なのよ？」

後部座席から、嫁が問いかける。「あとどれくらい？」、たくさんの人にかけられた、この質問も、これで何回目のことだろう。

「うーん、あと廊下と居間の床板を張って、それから収納を仕上げて、ドアは何枚……だっけか」

「まだ、ちょっとかかりそうね」

最終目標は、遅れに遅れて4月の1日。ここが我がセルフビルド計画の「本当に本当の最終期限」と決めてある。本日、卒園を迎えた我が家の娘はこの時点で6歳。6年前の5月に地鎮祭をしたときには0歳だった。嫁の腹に抱っこ紐でくくり付けられての参加が懐かしい。そしてそこから瞬く間に時は過ぎ、娘はこの春、小学校への入学が予定されている。

ここで問題となったのは、現在住んでいるのが自宅を建てている長瀞町ではなく、お隣皆野町にあるアパートだということ。町が変われば学区も変わる。数カ月以内の引越しは間違いないのだから、転校がわかっていて皆野町の小学校に入学させるのは、さすがにかわいそうだ。正当な事情があれば越境入学も可能だとのことだが、できれば早く住民票を移してほしいと、相談した役場の人も言っていた。もうこれ以上は延ばせない。物思いにふける間に、信号は青へと変わる。ぐっとハンドルを握り直し、交差点を左に折れた。バックミラーに、我が家のピンクが揺れる。

卒園式の翌朝。いつものように現場へ出勤。3年前に完成した玄関ドアは、塗料の色もすっかり落ち着き、すでに年季の入った風合いを漂わせ始めている。飴色の光を放つヒメシャラの木の取っ手を握りドアを引き開ければ、友人たちと苦心してコンクリを運んだ玄関土間が広がる。そこには見慣れ、手に馴染んだ工具たちが山と積まれていた。

今日の作業は廊下の床板張り。まずは電動丸ノコと、長さを測るメジャーの出番だ。西山材木店から届いたときには、ちょっとした山に見えた床板の束も、もう残り少ない。今日の作業分の床板を取り出したら、長さを測って丸ノコで切断。全てを切り終わる頃には、エアコンプレッサーの圧縮空気も満タンに溜まっている。土間からエアタッカーを持ってきて、床板用に指定された長さの針を装填、床板を並べて打ち付け続ける。

すっかり馴染んだ、いつもの作業、いつもの道具。しかしこれも、もうすぐ終わる。6年前に、おぼつかない手で丸ノコを持ち、初めて切断した材木は、どこに使ったんだっけ？　今もおそらくこの家のどこかの床下で土台として、柱や屋根、そして俺の体重を支えてくれていることだろう。長く、楽しく、そして時につらく、苦しい、建築工事の6年間が、今ようやく終わろうとしていた。

廊下の東の端の床板をフロアタッカーでとめ付ける。廊下の東の角を曲がった先は娘と作った洗面所。ふと光の動きを感じて振り仰ぐ。洗面所の開け放された引き戸の向こう。裏山から吹き下ろす春風にざわざわ揺れる、最高にピンクな、サクランボの花が俺を見つめていた。

## 引越し

「そろそろ引っ越ししたいんだが、どうですかね？」

「いいねー、引っ越ししたいねー」

「おひっこし！　おひっこし！」

これまで日本各地でセルフビルドした家を取材してきたが、工事中に住み始めた場合、未完成の部分はなし崩しでそのままという例が本当に多いことを知っている。本当は最後まで完成させてから引っ越した方が良い。良いのだが、最終期限の4月1日は数日後に迫っていた。

建築を始めて丸6年。さすがにちょっと気持ちもだれてきた。細かいところを追求すれば、まだまだ時間もかかるだろうが、さすがにここらが潮時か。娘には俺の建てたこの家から入学式に行ってほしいなんて、ちょっとセンチなことも考えてみる。

自前のトラックを持っているので、決めてしまえば話は早い。助っ人を募ると、ナカヤマと長野在住の友人ハンダくんが来てくれることに。決行日は3月31日。まさに年度末、ギリギリのギリ。こんなところもセルフビルドの終着駅にはお似合いだろう。

引越し当日の朝。天気は快晴。

「おいここの収納、床がないぞー」

奥の寝室から段ボールを担いだナカヤマの声がする。アパートから新居まではトラックで5分とかからないから仕事は早い。大物の家電をさっさと片付け、荷物の主役はやたらとモノを詰め込んだ段ボールに移っていた。

「そこは、気にすんな」

「そいじゃ、これどこ置くんだよ」

「うむむ」

そうなのだ、荷物を入れると、その場所の追加工事がやりづらくなる。床の工事ならなおさらだ。一度置いた荷物を出さなければ作業ができない。

「しょうがない、下地の上に置いといて」

「いーのか？　知らないぞー」

一緒に各地のセルフビルダーを取材したライターナカヤマは、その辺の事情をよく知っているが、できていないものはしょうがない。この後、荷物を右に左にたらい回ししながら、続きの工事をすることになるだろう。

2往復分くらいが終わる頃、ハンダくんがやってきた。わざわざ長野から。ありがたいことである。

「これ新築祝いです」

「おー、ありがとー」

ぬっと突き出されたのは、真っ赤な消火器。木をふんだんに使用した我が家。確かに火事には気をつけねば。

「やー、できましたねー。すごいですねー」

「すごいだろー、うふふ」

散々現場を見慣れた我が家族や助っ人連中は、なかなか素直に工事の成果を褒めてくれない。だからこういう新鮮なお褒めの言葉がもらえると、単純にとても嬉しい。

引越し自体は、男3人がかり。狭いアパートからゆえ荷物も少なく、夕方前にはあっさり終わる。

## 一番風呂と宴会

それにしても、自分で作っておいてなんだが、ずいぶん広い家だ。段ボールの山も小さく見える。引越し中のトラブルといえば、テレビ台を運んでギックリ腰になったくらいか。

「お風呂沸いてるよー」

「おお！　初風呂か!!」

みんなで組み立てたユニットバスに、初めてのお湯がたまったようだ。

「お先にどうぞ」

殊勝に、手伝ってくれた友人2人に、一番風呂をお譲りする。

「いえいえ、そんな記念の一番風呂。もらうわけにはいきませんよ」

「ああそうだ、カナコちゃんとハルちゃん、先入ってきなよ」

ありがたく辞退してくれる助っ人たち。でも俺にじゃないのかよ。

「え、いいの？　それじゃハル、一番風呂をもらっちゃいましょ」

「おおおー、あたらしいおふろだーー！」

夜は宴会。嫁の念願、美しく機能的で広いシステムキッチン。引越しの荷物から、鍋やら調味料やらを引っ張り出して、存分に腕を振るうつもりらしい。

嬉しい初入浴の図。

「とりあえず、これね。あとはこれからだから、ゆっくり飲んでてよ」

「はーい、えだまめとと一ふですよー」

娘が運んできた冷凍枝豆と冷奴を肴に、ハンダくんの長野土産「七笑（ななわらい）」の一升瓶を開けた。皆で乾杯。夜この場所で、家族揃って食卓を囲むのはこれが初めてだ。

「うきゃきゃきゃきゃきゃ！」

「こら、お手伝いしなさい！」

娘は喜び、各部屋間を走り回っている。俺は疲れで茫然自失。ぼーっと天井を見上げるが、はたして自分は何を考えているのだろう。木曽の酒は、サラリとした口当たりと深い甘みが舌に嬉しい。疲れた体をふっくらとした酔いが包み込む。

ゴールが見えず、正解もわからず、ただひたすら考えながら走り続けるしかなかった毎日に、やっとやってきた一区切りの一夜。積み上げら

記念すべき初宴会。後ろの押し入れにはまだ襖が入ってない。

れた段ボールの山と、その下のむき出しの床下地。難問山積、いろいろと悩ましいことはあるが、今は忘れて、この心地よい疲労感と満足感に浸っていたい。

リビングの隣、苦労して作った引き戸が開け放たれた向こうは子供部屋。カラマツの床の上に、真っさらな赤いランドセルが無造作に転がっている。もうすぐ入学式。さて勉強机、どうしよっかな……。

# エピローグ　7年目のクリスマス・イブ

2016.12.24

「父ー、聞きたいことがあるんだけど」

書斎のパソコンで、この年最後の納品用写真データを整理していると、子供部屋から娘の声が聞こえた。

「なんじゃい」

薪ストーブで十分に暖められたリビングを通り抜け、子供部屋の戸から覗き込む。

娘は部屋の奥で、昼間に飾り付けたクリスマスツリーをいじくり回していた。

「おいおい、せっかく綺麗に飾ったんだからいじるなよ」

「父、あのね?」

「うん?」

「ストーブの火がついてても、サンタさんはだいじょーぶなの?」

今日は、この家に引っ越して初めてのクリスマス・イブ。小学1年生の2学期も終わり、すでに学校は冬休み。部屋の勉強机の上には、いくらか傷の増えた赤いランドセルがのっている。キッチンからはクリスマスメニューを作る嫁が、包丁のリズミカルな音を響かせていた。

「サンタさんが来るのは、夜遅くだから、その頃にはもう火は消えてるよ」

「ちゃんとくるかなー?」

ツリーの先っちょにのっている、プラスチック製の星をくるくる回しながら娘が聞く。どうだろう? この家にサンタさんは来てくれるのだろうか。

「ハルー、お皿並べるの手伝って!」

「はーい。父ー、まっててね。今日はパーティーだからね」

引越しが終わった数日後。娘は無事、長瀞町の小学校へ入学した。クラスは2組。出席番号は7番だそうだ。自宅の工事はその後も、少しずつだが進み続けた。ゴールデンウィークの前には、各部屋の床板張りも終わったのだが、引越し時の心配通り、収納の中の床板は梅雨の中頃まで下地のままだった。各収納にドアがつき、和室の押入れに襖(ふすま)が入ったのは梅雨の終わり。そうそう、ゴールデンウィークの頃には、庭のサクランボの木が驚くほど大量の実がついた。娘は喜んで食べていたが、ちょっと酸っぱかったかな。

今娘が皿を並べるダイニングテーブルを、西山材木店の在庫処分セールで手に入れた大きな板で作ったのは夏の中頃だったっけ？　冬になると床板が冷たいのでベッドも作りたかったが、これはまだ実現しておらず、いまだフローリングに布団を敷いて親子3人、雑魚寝（ざこね）している。

玄関土間もコンクリ剥き出し。郵便ポストは引越し翌日には取り付けたのだが、玄関ドアの脇に表札を作ったのは秋に入ってからだった。

「ちょっとー!!」

ピカピカと明滅するクリスマスツリーのライトを、何とはなしに見つめながら、今年1年の成果を思い出していると、今度はキッチンから嫁の呼び出しがかかった。

「はーい。何すか？」

「ハルが、トイレから出られないって」

気がつけば、トントントンという包丁のリズムに代わって、奥のトイレからドアを蹴飛ばすガンガンという音が鳴り響いている。ここのドアは、今回作ったドアの中では、一番の失敗作だった。梅雨から夏に移り変わる湿度が高い時期。材木の変形の激しさに「ビスケット」に塗った木工ボンドが耐えられなかったのだ。

「父ー、あっけてー！」

「はいはい、よっと」

力任せに引っ張ると、ドアがガボッと音を立てて開いた。

「もー、父ー。ここ早くなおしてよね」

「はい。ごめんなさい」

秋頃に一度外して調整したのだが、今度は冬に向けての乾燥で、また逆に反ってきたようだ。どうしたものか。

「じゃ、パーティーのじゅんびしてくるからね」

そう言うと、娘はトットットッと廊下をかけて行った。その廊下の向こうには、薪ストーブの上でバンチョーにもらった新築祝いのケトルが、盛大な湯気を噴いているのが見える。時間は夕方の6時過ぎ。サンタさんが来るまで、まだしばらくは時間があるだろう。裏の薪棚から、もう何本か薪を持ってきておいた方が良さそうだった。

俺は書斎に戻って、壁にかけてあった作業用のコートを羽織ると玄関へと向かった。框（かまち）に腰掛け安全靴の紐を縛る。最近ギーギーと音が鳴り出した玄関ドアを押し開け、師走の冷たい外気の中、南回りで家の裏へと向かう。いつもよりほんの少し遠回りで。

冬の日暮れは早く、もうこの時間、辺りは真っ暗闇だ。建物の上を見上げるが、その場所からでは、煙突から煙が出ているのかどうかわからなかった。天気は晴れ。頬に感じる冷たさから、気温はすでに零度を下回っていることがわかる。建物の向こうに瞬く星がたくさん見えた。

はーっと吐く息が窓からの明かりを受けてミルクオレンジの色に染まる。台所の窓の向こうに、嫁と娘が楽しそうに話をしているのが見える。今、俺が踏みしめているこの大地。この場所を手に入れた年のクリスマスには、まだ生まれていなかった娘が、今では包丁を器用に操って、何やら野菜を切っているらしい。

「ふふ」

思わず微笑むと、俺はつま先に触れていた石ころを蹴っ飛ばした。転がっていく先には、すっかり葉を落としたサクランボの木と、黒く大きな裏山。その枝ごしの山影が、ぼんやり明るく滲(にじ)んでいる。もうすぐ月が昇るのだろう。

「はぁ、やっと寝たわ」

肩をトントンと叩きながら、嫁が寝室から出てきた。閉まるドアの向こうで、スースーという娘の寝息が聞こえる。

「クリスマスパーティー、喜んでくれたようね」

時計を見れば、すでに真夜中。小学1年生にしては少々夜更(よふ)かししすぎだろう。

「喜んだどころではない、はしゃぎっぷりだったけどね」

俺は苦笑しながら、コップに少しだけ残っていたワインを飲み干すと、コートを羽織り玄関へ向かった。

「ん？　こんな時間にどっか行くの？」

「いやちょっと車。トランクにね……」

意味ありげな視線を嫁に送ると、「ああー、あれね」と頷く。そう今夜はクリスマス・イブ。サンタさんがやってくる夜だ。


気温は夕方よりもさらに下がっている。吸い込む息が、ワインで火照った体を内側から冷やしていく。ポッケに手を入れタッタッタッと小走りで、町道との境に止めた車へ向かう。暗闇の中、キーをポッケから取り出すと手探りでトランクを開けた。その中には、数日前から赤い包み紙の四角い箱が入っていた。

その箱を、かじかむ両手でそーっと持ち上げたそのとき、視界にサッと強い光が差し込んできた。ハッとして振り返ると、今まさに月が裏山の稜線からその顔を出そうとしているところだった。

その美しい光景に箱を胸に抱きしめたまま、しばし立ちすくむ。わずかずつ強くなる月の青い光。その光に照らされて、それまで真っ黒だった我が家のシルエットに、スーッと白い輪郭が立ち上がる。屋根の向こうには、煙突の影がうっすらと銀色に輝き、ほんのり淡く白い煙が、風に優しく乗って流れていくのが見えた。それは、とても暖かくて、優しく、心が満たされる眺めだった。

「ハハッ」

思わず漏れた感動のため息が、冬の大気に触れて白く広がり、深く暗い青色の空に霞んで消えていく。

俺はトランクのドアを静かに閉じると、赤い包み紙の箱を抱え、娘の眠る家へと踵(きびす)を返した。

# セルフビルド定点観測

2010~2016

サクランボの木の横から撮影していた定点写真。軸組がジワジワと成長していく様がわかり興味深い。でもそれ以上に、今の俺に大切なのは、現場のあちらこちらに写る、家族や友人たちの姿。「定点撮影するからどけ」って言ったのに（笑）。「あーこのときあいつ来てくれてたんだ」「あー嫁さんはこんな服着てたんだ」「可愛い娘はどこにいるのかな？」。家族の大切な思い出になったかな……。

# 完成!!

# 嫁のひとりごと

サカグチカナコ（談）

無事、家が完成して本当に良かった。作っている途中で嫌になることも多かったと思うけど、経験ゼロなのに気持ちだけでやり抜いた旦那はすごいなと思います。本当におつかれさまでした。最初、セルフビルドしたいと言われたとき、実はあんまりびっくりしませんでした。もともとわたしも何かを作るのが好きだったし、ちょうどその頃八ヶ岳で家を建てている人のブログを読んでいたんです。テント生活をしながら家を建てている人。ちょっといいなあ、と思ってたので、セルフビルドって言われても「まあ、いいんじゃないの」くらいでした。でもまさか6年かかるとは。かかっても3年くらい？　と思っていたから。最初の頃はわたしも作業をよく手伝ってました。だって、旦那は撮影の仕事が入ると「やっといて」と言って1週間くらいいなくなっちゃうし。だから結構いろんな作業がうまくなりましたよ。やってる途中は、まあ、いろいろ心配になりますよね。この人、仕事もしないで毎日、家作ってるけど大丈夫かな……とか（笑）。でも、確かに仕事をしていると家を作れないんですよ。田舎に引っ越すなら専業主婦になろうかなと思ってたけど、毎日、家作りに励む旦那の姿を見ていたらわたしも仕事しなきゃ、と思うようになりました。作ってる6年の間、旦那は「大丈夫、どうにかなるって」と言ってたけど、「生活費どうにかしてるのはわたしなんですけど」って（笑）。セルフビルドの点数は……今のところちゃんと住めているので80点くらい。わりと満足しています。隙間風も風通しいいと前向きに考えたり。不満は……リビングの吹き抜け！　とにかく寒いんですよ。暖房効率悪くて。結局、薪ストーブの横にファンヒーター出してます。セルフビルドは、趣味としては面白いので、別荘でログハウス建てるとかならまたやってみたいです。え？　娘がセルフビルドやりたいと言ったら？　いや、娘にはちゃんと収入の安定した人とマンションに住んでほしいです（笑）。

## 建築費用

|  |  | |
|---|---|---|
| 建築確認申請 | 350,000 | |
| 基礎工事 | 1,000,000 | 自分でやりたかった… |
| 浄化槽工事 | 500,000 | |
| 水道引込み工事 | 200,000 | |
| 水道材料 | 100,000 | |
| 材木 | 1,400,000 | 結構いい木を使ったかも |
| その他資材 | 300,000 | もっと工具買ったでしょと嫁さんのつっこみが… |
| 屋根資材 | 450,000 | あの強風がなければ… |
| 窓サッシ | 300,000 | あいみつの効果アリ |
| キッチン | 400,000 | 俺が作ればゼロひとつ違ったはず…… |
| ユニットバス | 350,000 | 買えてよかった！ |
| 給湯器 | 250,000 | |
| 合計 | **5,600,000** | |

まさに自転車操業で、「１件撮影の仕事をしたら、そのギャラで材木を買う」という感じでやっていました。よく完成まで、なんとかなったものですね。建築後、知り合いの大工さんに見てもらったところ、同じ建物をプロに発注した場合２０００万円以上かかるだろうとの見積もりでした。コストパフォーマンスの観点からだとどうなんだろう？ま、楽しかった時間はプライスレスだから（笑）。

文庫版あとがき

# 引っ越して8回目の夏休み

2023.8

「おとーさーん、お願いがあるんだけど！」

書斎のパソコンで、この秋に出すキャンプ料理本の原稿に赤ペンを入れていると、子供部屋から娘の声が聞こえた。

「なんだよ、この忙しいときに！」

エアコンでよく冷えたリビングを通り抜け子供部屋を覗き込むと、娘は床に置いたちゃぶ台に頭をのせてウンウン唸っていた。

「何やってんだよ昼間っから。夏休みの宿題は終わったんか？」

「お父さん、お願いがあるのよ」

「なんだよ」

「あのね」

「うん？」

「読書感想文が、終わらないの。助けて……」

今日は8月の30日。我が町長瀞の中学校は全国の多くと同じように、9月1日が2学期の始まりだ。残すところあと2日。面倒なことは最後の最後まで残すところは誰に似たのだか知らないが、困ったものだ。

「読書感想文なんか、自分でやらなきゃ意味ないぞ」

「でも、もう間に合わないよー」

「原稿用紙5枚なんだろ。そんなのすぐだよ」

「あ、ああ……」

ちゃぶ台の前でジタバタする娘に苦笑しつつ、自分の書斎へと戻る。人のことを言ってる場合ではない。こちらはこちらで、まだ書いてない原稿があと十数ページ残ってるのだ。これはまずい。

娘の部屋は、いつの間にやら雑多なものでいっぱいだ。少しは片付けろよ！

さてセルフビルドが終わった後の我が家であるが、家族も家も全員おかげさまで無事である。娘はこの家で8回目の夏休みを楽しく過ごしているようだ。今は中学2年生。クラスは2組だったような気がするが、出席番号は知らないな。まあもう、そんなに些細なことまで父親に話してくれる歳ではなくなったのだろう。

引越し直後は、ガラッガラで何もなかった我が家だが、当然、いろいろな家具や家電が増えている。各部屋にはエアコンだって付いてるし、アパートには置けなかったような大きなテレビだってあるのだ。そして日曜大工での工事も着々と進んでいる。引越し後にまず行った大工事が屋根付きのウッドデッキ。もともと屋根がかかったウッドデッキありきで部屋や窓の配置を考えていたので、これで本当の意味での「家の完成」と言える形になった。

あと暮らし始めて懸案になったのが、セルフビルド中に手に入れた多くの工具の置き場所。それまでは工事中の部屋に置いていたが、住み始めるとそうはいかなくなる。そこで発注ミスで数年前から西山材木店に置きっぱなしだった材木を使って建てたのが、納屋付きのガレージだ。全ての工具や余った資材を収納できる4坪の納屋に、車2台が置けるガレージが併設された豪華木造建築だ。これを1人で1カ月足らずのうちに作れたのだから、俺のＤＩＹスキルは相当なものと言えるんじゃないだろうか

ウッドデッキの工事では、娘のハルネももう十分に戦力となっていた。

完成したウッドデッキで嫁のカナコ、娘のハルネと記念撮影。

資材収納用の納屋が併設されたガレージも作ったぞ！

ドローンで空撮してみた。どうです、なかなか立派でしょう!?

……なんて1人でうぬぼれている。例によって誰も褒めてくれないからね。

その他、愛用の薪ストーブのために大量の薪を保管できる棚も作ったし、家の裏には大きな家庭菜園も整備した。そしてウッドデッキ前の庭には柵をめぐらしてドッグランに……。

そう、この8年で一番変わったのは、犬を飼い始めたことかもしれない。名前は「ウメ」。シェットランド・シープドッグのメスで、今は5歳。実はこの文庫の元となった文藝春秋版『家をセルフでビルドしたい』の最終ページ家族写真（注・本書369ページ）に、飼い始めたばかりのウメも写っているのだが、気づいた人はいるのかしら。

ウメとの出会いもセルフビルドが関わっている。毎回、建築資材や工具の買い出しによく出かけていた巨大ホームセンター。そこに併設されたペットコーナーでウメはずーっと売れ残り続け、売り場の床に置かれた簡易ケージの中でキャンキャン吠えていたのだ。

そのうち売れるだろうと思っていたのが、1カ月、2カ月と過ぎていくうちに、もともと安かった価格は無料同然となってきた。ペット業界にはモラルに欠ける業者もいると聞く。ここのホームセンターはそうではないと思いたいが、「これはそろそろこの犬やばいんじゃね？」と、人ごとながら心配していた。

そんなある日、嫁さんが「次行って残ってたら、ウチで飼おう」と宣言する。まあせっかくの田舎暮らし、余裕があったら犬は飼いたいなとは思っていたからね。それで次の週末、家族３人で出かけてみたら案の定、売れ残ったままだった。これもひとつの縁なのだろう。こうしてウメは、我が家の新しい家族となったのである。

とは言っても、俺は、犬は外で飼うものと思っていた。しかし簡易ケージの暮らしがつらかったのか、ウメはどうにも人間不信な感じで、おまけに体の線も細い。哀れに思った嫁さんが、少し大きくなるまで部屋の中で飼おうと言ってから早5年、いまだにウメは我が家のリビングでくつろぎ、寝室の床で寝ている。もうすっかりこの家の全てが自分の巣であると認識しているようだ。おかげで苦労して手に入れた無垢板の床は爪の傷だらけ、自慢の和室の床の間はウメ愛用のスペースとなっている。

その後、ウメはスクスクと元気に成長し、明るく楽しく暮らしています。

でもうん、犬がいるのも良いものだね。なんだかんだ手間がかかって、それでもやっぱり可愛くて。そんなわけで家族3人＋1匹、セルフビルドした家で楽しく快適に暮らしておりますよ。

「最後に、この本を作るにあたって多くの方々にお世話になった」とくるのが、本のあとがきの定番だけど、我が家の場合はその前がある。我が家を作るにあたって、本当にたくさんの人たちにお世話になった。本書に登場するナカヤマとバンチョー、山雑誌コンビをはじめ、多くの友人たちには感謝してもしきれない。また長瀞のご近所のみなさんや、地域の工務店・材木店の方々にも、素人大工の長く続く工事で、いろいろご迷惑をおかけしただろう。本当に感謝しております。そして「ちょっとした思いつき」から始まった、こんなにも長く大きな物語にずーっと付き合ってくれた、家族に感謝して、このセルフビルドのお話の締めとさせていただきます。ありがとうございました。

そして本書である。まずやはりこの本をこのような形で世に出すことができたのは、全て文藝春秋で担当していただいた矢内さんのおかげである。あのとき提出した企画書、絶対に落ちると思っていました。よくぞ文春の厳しい企画会議を通していただきました。ありがとうございます。その文春版『家をセルフでビルドしたい』を読んで、わざわざ電話してくれたのが、今回の文庫版を担当いただいた草思社の貞島さんだ。初めて会った時、付箋だらけでボロボロになった拙著を持って熱く語ってくれた姿が今でも思い出される。心から御礼を申し上げます。

最後にこの本を、縁あってご覧いただいた方々が、日曜大工・セルフビルドに少しでも興味をお持ちいただき、人生のどこかの場面で思い出していただけたら。そして暮らしの中に手作りの何かを生み出していただけたら、こんなに嬉しいことはありません。

8月30日　残暑で気怠い午後、書斎で

阪口　克

挿絵　矢内浩祐
編集協力　中山茂大

＊本書は、二〇一八年に文藝春秋より刊行された著作を
加筆修正・写真増補の上、文庫化したものです。

草思社文庫

# 家をセルフでビルドしたい

大工経験ゼロの俺が
３ＬＤＫ夢のマイホームを
６年かけて建てた話

2023年10月9日　第1刷発行

著　者　阪口 克

発行者　碇 高明

発行所　株式会社 草思社

〒160-0022　東京都新宿区新宿1-10-1

電話　03(4580)7680(編集)
03(4580)7676(営業)
http://www.soshisha.com/

本文組版　鈴木知哉

印刷所　中央精版印刷 株式会社

製本所　中央精版印刷 株式会社

本体表紙デザイン　間村俊一



ISBN978-4-7942-2686-0　Printed in Japan

ご意見・ご感想は、
こちらのフォームからお寄せください。
https://bit.ly/sss-kanso